ALLE WANDERUNGEN AUF EINEN BLICK

TOUR 1: HIMMLISCHE ZEIT — 7
Auf Alpenpfaden im Leitzachtal
13 km / 220 Hm / 3,5 Std. / Rundweg

TOUR 2: MOORMOMENTE — 17
Rund um Kloster Ettal
13 km / 160 Hm / 3,5 Std. / Rundweg

TOUR 3: „ENERGIEBOOST" — 25
Loisacher Moorweg
8,7 km / 50 Hm / 2 Std. / Rundweg

TOUR 4: SCHROFFER BERG — 35
Felsenweg um den Stein
8 km / 330 Hm / 3 Std. / Rundweg

TOUR 5: MAGISCHE STIMMUNG — 45
Durchs Guglhör-Moor bei Murnau
11 km / 300 Hm / 3 Std. / Rundweg

TOUR 6: ZEITLOSE SEENLIEBE — 55
Seenlandschaft um Bernried
14 km / 140 Hm / 3 Std. / Rundweg

TOUR 7: HISTORISCH UND GIFTIG — 65
Durch den Paterzeller Eibenwald
15 km / 240 Hm / 3,5 Std. / Rundweg

TOUR 8: KRAFTPLATZ IN BLAU — 75
Panoramarunde auf dem Brauneck
12 km / 270 Hm / 3 Std. / Rundweg

TOUR 9: GIPFELBLICK — 85
Durchs Moor zum Kloster Reutberg
13,5 km / 270 Hm / 3 Std. / Rundweg

TOUR 10: BARFUSSERLEBNIS — 95
Runde beim Kloster Benediktbeuern
10 km / 30 Hm / 2,5 Std. / Rundweg

TOUR 11: ROMANTISCHE PFADE — 103
Durch die Ammerschlucht
12 km / 350 Hm / 4 Std. / Rundweg

TOUR 12: NATUR PUR — 111
Von Fischbach zum Isarstausee
8 km / 160 Hm / 2 Std. / Rundweg

TOUR 13: VOGELGEZWITSCHER — 121
Wasserfallrunde im Lainbachtal
6 km / 200 Hm / 2 Std. / Rundweg

TOUR 14: WASSERRESERVOIR — 131
Rund um den Taubenberg
6,5 km / 210 Hm / 2 Std. / Rundweg

TOUR 15: BUNTE BLUMEN — 139
Bockerlbahnweg am Schliersee
4 km / 120 Hm / 1,5 Std. / Rundweg

TOUR 16: NASSES ELEMENT — 147
Zum Glasbach Wasserfall
10 km / 180 Hm / 3 Std. / Strecke

TOUR 17: EINMALIGE AUSSICHT — 155
Zu den Kuhflucht Wasserfällen
4,5 km / 150 Hm / 1,5 Std. / Rundweg

TOUR 18: SPUREN DER EISZEIT — 165
Rund um die Osterseen
12 km / 40 Hm / 3 Std. / Rundweg

TOUR 19: WASSERWEGE — 173
Die Loisachrunde
13 km / 140 Hm / 3,5 Std. / Rundweg

TOUR 20: IM BLAUEN LAND — 181
Rund um den Staffelsee
21 km / 50 Hm / 5 Std. / Rundweg

Liebe Auszeitgenießer und Genussabenteurer,

Kühle, frische Bergluft in der Nase, imposante Gipfel, magische Seen und schattige Wälder vor Augen, bimmelnde Kuhglocken und Vogelgezwitscher in den Ohren – so fühlen sich Wanderungen für die Seele im Bayerischen Voralpenland an.

Wie von selbst ist sie da, die Ruhe, die Körper und Geist im gleichen Rhythmus schwingen lässt. Diese Ruhe bringt mich auf eine ganz besondere Art und Weise dazu, die Natur zu erleben. Genau dann, wenn ich im Hier und Jetzt bin, das kleine Glück wahrnehme und meine persönliche Auszeit im Augenblick spüre.

Jeder Schritt der 20 naturnahen Wanderungen in diesem Buch schafft Platz im Kopf. Wir tauschen Alltagsstress gegen atemberaubende Panoramen, wir bekommen Zeit geschenkt für die kleinen Wunder am Wegesrand und wir gelangen auf idyllische Weise zu idealen Lieblingsplätzen, um aufzutanken.

Dieses Buch ist eine Mischung aus Wegen, Orten und Naturerlebnissen, die Endorphine freisetzen und mein Herz berühren. Seelenmomente, die verzaubern, während die Entschleunigung wie von selbst Einzug hält. Auf jeder Wanderung habe ich ein kleines Stück Glück gefunden, Ruhe genossen und meine Seele gespürt. Diese Glücksmomente und genussvolle Wanderungen durch meine Heimat wünsche ich auch Ihnen.

Ihre Katja Wegener

NATUR-INFO

KULTUR-INFO

TOUREN-/EVENT-INFO

GENUSS-INFO

- ❄ 13 Kilometer
- ❄ 220 Höhenmeter
- ❄ 3,5 Stunden
- ❄ Rundweg

Genussvoller Ausblick

Auszeittour 1

Himmlische Zeit
Auf Alpenpfaden im Leitzachtal

Dieser Genießerweg beschert uns **landschaftlich abwechslungsreiche Glücksmomente**. Schon zu Beginn lohnt sich ein Blick auf das **Martinsmünster** ❶, wie die Klosterkirche St. Martin liebevoll genannt wird. Typisch bayerisch erheben sich mehrere Zwiebelturmsilhouetten, umrahmt von Wiesen und Bergen.

Durch den **Klosterhof** am Gasthaus Klosterstüberl überqueren wir die Hauptstraße und folgen dem Wolfseeweg, der direkt hinter der Bäckerei zum Weiherweg wird. Auf schmalen Wiesenpfaden geht es über den Kalvarienberg nach Birkenstein. Sanft schlängelt sich unsere Exkursion am Hang entlang. Zum **Kreuzweg** ❷ hoch über dem Wallfahrtsort geworden, bietet er herrliche Ausblicke. Vereinzelt stehende Bänke sind wie geschaffen für kleine Pausen, denn jede einzelne erhöht die Qualität unserer Auszeittour.

Zu den ältesten christlichen Brauchtümern zählt die Leonhardiwallfahrt mit ihren Pferdefuhrwerken. In Fischbachau findet sie Anfang November statt und ist ein ganz besonderes Erlebnis.

Maria Schutzkirche in Fischbachau

Zur Trachtenwallfahrt kommen seit 1923 jedes Jahr an Christi Himmelfahrt zahlreiche Pilger nach Birkenstein. Rund 2000 in Trachten gekleidete Menschen finden sich zur Segnung am festlich geschmückten Freialtar ein.

🌳 Auszeittour 1

Wallfahrtskirche Birkenstein

> ❗ „Was B´sonders" im Leitzachtal sind Veranstaltungen, die alte bayerische Handwerkskunst vermitteln. Hier kann man in die Welt der Wildkräuter eintauchen oder kulinarische Schmankerl beim Brotbacken und Buttern entdecken. Auch die Meditationsseminare im Leitzachtal sind einzigartig.

Die **Wallfahrtskirche Birkenstein** ❸ fest im Blick, steigen wir ab der monumentalen Kreuzigungsgruppe über den Kapellenweg ins schmale Tal, um auf der gegenüberliegenden Seite das Gotteshaus zu erreichen, welches wir natürlich besichtigen. Seit 1673 wird hier eine spätmittelalterliche Marienstatue als Gnadenbild verehrt. 1710 wurde aus der Holzkapelle eine steinerne Nachbildung des heiligen Hauses, in dem die heilige Familie in Nazareth lebte. Durch einen Brand geschädigt, erhielt sie 1760 eine prachtvolle neue Ausstattung, die noch heute die Besucher mit glänzendem Reichtum schier blendet. Unzählige Votivtäfelchen erzählen von den Anliegen, in denen Menschen seit über 300 Jahren Hilfe erfuhren. Die Wallfahrtskirche Birkenstein ist seit Jahrhunderten ein Magnet für Pilger und Wallfahrer. Zum historischen Ensemble gehören neben der Kapelle ein Freialtar sowie ein kleines Kloster. Die hier seit 1848 ansässigen armen Schulschwestern betreuen liebevoll die gesamte „Sakrallandschaft".

Auf Alpenpfaden im Leitzachtal

Für die Seele

Wir genießen den wildromantischen Weg im Tal der Leitzach mit traumhafter Aussicht auf den massiven Gipfel des Wendelsteins.

Über den malerischen Höhenweg wandern wir hinauf zum **Café-Berggasthaus Schwaigeralm ❹**. Verlaufen ist nicht möglich, zumal an fragwürdigen Punkten eine Markierung zur Alm leitet. Von der Terrasse der historisch anmutenden Schwaigeralm haben wir einen traumhaften Blick über das im Tal liegende Fischbachau bis hinüber auf die Brecherspitz. Für eine bayerische Brotzeit sind wir hier ebenso gut aufgehoben wie für Kaffee und Kuchen. So überreich und schmackhaft gestärkt möchte man gerne noch ein bisschen verweilen. Doch wir wollen wandern. Über weite Wiesen und auf bequemen Wanderwegen streifen wir weiter. Halten wir uns an die Markierungen

Blick auf Fischbachau

Leitzach

Auszeittour 1

Wanderstempelstation

der Schilder „Leitzachtaler Bergblicke", kann nichts schiefgehen. Gemütlich, ohne nennenswerte Steigungen, flanieren wir auf dem Höhenweg.

Aktuell haben wir das beeindruckende Bergpanorama in unserem Rücken, doch das soll sich im Laufe unserer Runde ändern. Imposant steht er da, der Breitenberg, und ragt links von uns über dem weiten Tal machtvoll auf. Wir marschieren weiter in Wanderrichtung durch Almgebiete mit grünen Wiesen, schattigen Wäldern und einem leise vor sich hin plätschernden Bach. Ein idyllisches Landschaftsbild, welches durch leises Gebimmel der Kuhglocken richtig romantisch wird. So fühlt sich Glück an. Die Häuser des Weilers Buchberg umrunden wir und folgen dem Weg nach **Greisbach.** Wir überqueren den Elbach, biegen rechts auf einen bunten Wiesenweg ein und steigen gemütlich ins Tal ab. Ein Kirchstiegler Brotzeitbrettl ist die beliebteste Wahl auf der Speisekarte im **Gasthaus Kirchstiegl ❺** in Greisbach.

20 Meter gehen wir zurück auf unseren Hauptweg, um dem Kirchstieglweg weiter hinab zu folgen. Hier treffen wir auf den Bus, der müden Wanderern die Möglichkeit bietet, ohne weitere Anstrengung zurück zu unserem Ausgangspunkt zu kommen.

Auf Alpenpfaden im Leitzachtal

Wir wandern unserem nächsten Ziel entgegen, dem **wildromantischen Leitzachtal** ❻. Wunderbar ausgeschildert, folgen wir den „Leitzachtaler Bergblicken". Am Weiler Neumaier halten wir uns weiter geradeaus, um 200 Meter später bei **Brost** links abzubiegen. Die erste Brücke ignorieren wir und überqueren an der nächsten Möglichkeit die Leitzach. Ein Stück dürfen wir den 33 Kilometer langen südlichen Zufluss der Mangfall durch die Bayerischen Voralpen begleiten. Der naturnahe Gebirgsfluss, den Flößer im 19. Jahrhundert zur Holzdrift nutzten, dient heute als Stromlieferant und speist die Leitzachwerke. Hier beginnt der schmale Pfad für Romantiker. Genüsslich rauscht der Bach, wir schauen auf sattgrüne Wiesen, auf Hügel und Wälder und regelmäßig zeigt sich der Gipfel des Wendelsteins. Bachforellen und Wasseramseln lassen sich in ihrem natürlichen Lebensraum beobachten. Aus den vielen begradigten Flussabschnitten ist durch Rückverbauung und Renaturierung wieder ein echter Gebirgsfluss geworden.

Der Maximiliansweg ist der König unter den Berg- und Fernwanderwegen durch die deutschen Alpen. 360 Kilometer von Lindau am Bodensee bis Berchtesgaden hat König Maximilian II. 1858 zurückgelegt. Damals allerdings viel mit Kutsche und Pferd.

Leitzach in ihrem romantischen Flussbett

Auszeittour 1

Gemütlich wandern wir auf die immer näher rückenden Berge zu und lassen das traumhafte Ambiente auf uns wirken. Wie winzig wir hier unten im Tal sind und wie massiv und beschützend die Berge uns umgeben.

Ein Wegweiser nach links bringt uns in westlicher Richtung auf dem **Maximiliansweg** ❼, den wir heute mehrfach unter unseren Füßen spüren konnten, über die Lehenpointstraße zurück zum Martinsmünster in Fischbachau.

Das Gasthaus **Klosterstüberl** ❽ lässt uns zum Abschluss noch bayerische Schmankerl in seinen historischen Gewölben genießen. Dazu passt ein süffiges Augustinerbier aus der ältesten Brauerei Bayerns.

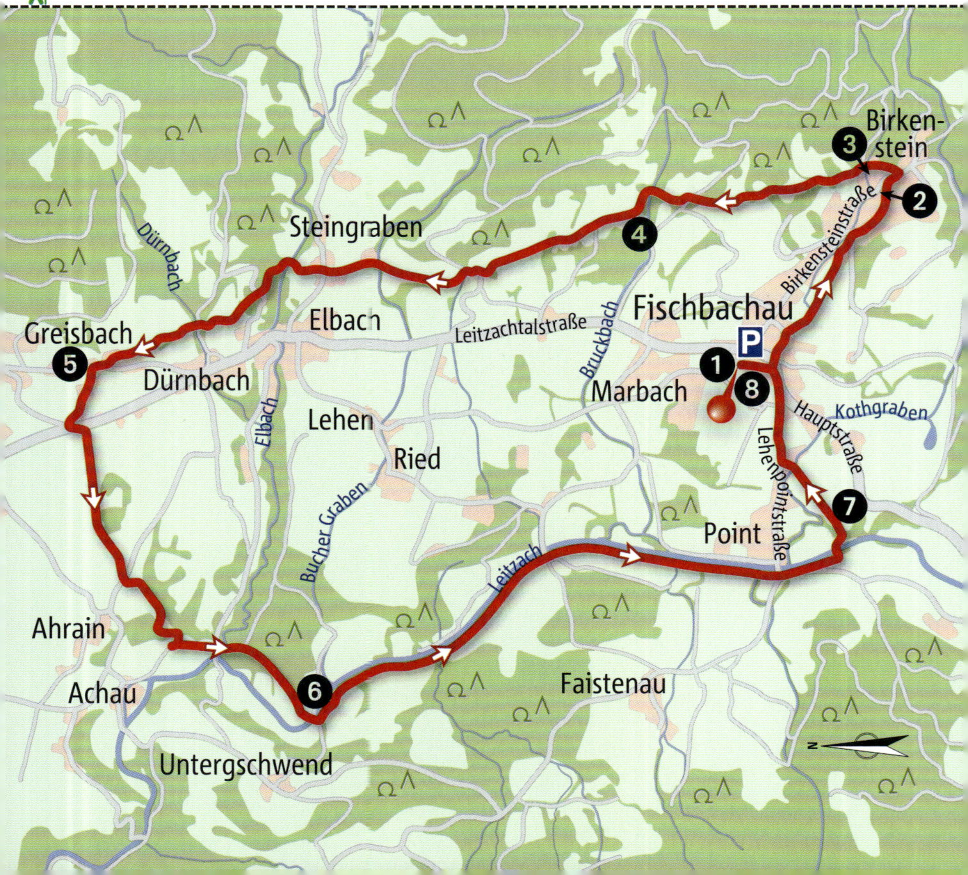

Alles auf einen Blick

Entspannung ✸✸✸✸✸
Genuss ✸✸✸✸✸
Romantik ✸✸✸✸✸

WIE & WANN:
Gemütliche Wanderung über Wiesenpfade, Wald- und Feldwege, kurze, geteerte Stücke. Die Strecke kann ganzjährig bewandert werden.

HIN & WEG:
Auto: Parkplatz, Badstraße 2, 83730 Fischbachau (GPS: 47.7208800, 11.9504260)
ÖPNV: Mit dem Bus 9552, 9553 (Wendelstein-Ringlinie) ab Miesbach bis Kirche, Fischbach

ESSEN & ENTSPANNEN:
Café-Berggasthaus Schwaigeralm ❹ Schwaigeralm 1, 83730 Fischbachau,
Tel. (0 80 28) 9 02 64 67, www.schwaigeralm-online.de
Gasthaus Kirchstiegl ❺ Schwarzenbergstraße 73,
83730 Fischbachau-Hundham, Tel. (0 80 28) 4 66
Gasthaus Klosterstüberl ❽ Kirchplatz 9, 83730 Fischbachau,
Tel. (0 80 28) 90 94 11, www.klostersteuberl.com

ENTDECKEN & ERLEBEN:
Martinsmünster ❶ Kirchplatz 10, 83730 Fischbachau
Kreuzweg ❷
Wallfahrtskirche Birkenstein ❸ Kapellenweg 11, 83730 Fischbachau
Wildromantisches Leitzachtal ❻
Maximiliansweg ❼

* 13 Kilometer
* 160 Höhenmeter
* 3,5 Stunden
* Rundweg

Kuppel von
Kloster Ettal

Auszeittour 2

Moormomente
Rund um Kloster Ettal

Im Naturpark der Ammergauer Alpen liegt mit dem **Ettaler Weidmoos** ein kleines Juwel. Unsere Wanderung beginnt in **Oberammergau.** Entlang der Ammer geht es direkt hinter der kleinen Brücke, die als König-Ludwig-Straße den Fluss quert, vorbei an Sportanlagen und Campingplatz. Hier lassen wir die Ammer rechts liegen und folgen einem schmalen Pfad entlang des Labergrabens. Direkt hinter dem Nachtparkplatz der Camper biegen wir nach rechts auf den **Lindermoospfad** ein. Nach 50 Metern queren wir die **Ettaler Straße** und folgen dem Weg nach rechts, der uns direkt zur Bärenhöhle führt. Bären treffen wir hier sicher keine, dafür können wir Kletterer an den Wänden kraxeln sehen, da das beliebte Klettergebiet **Bärenhöhle** ❶ direkt am Weg liegt.

Gemütlich gehen wir am Staffelberggraben vorbei, um uns nach 700 Metern links an dem schottrigen **Vogelherdweg** zu orientieren. Die moderate Steigung von 100 Höhenmetern verteilt sich auf die nächsten 2 Kilometer, die uns zum höchsten Punkt der heutigen Tour bringen. Vorab aber heißt es ein bisschen aufpassen, denn nach 1 Kilometer halten wir uns an einer Kreuzung rechts und verlassen den Hauptweg. Hier wechselt der Untergrund wieder in einen waldigen, weichen Naturgrund. Sanft spendet der bunte Mischwald angenehmen Schatten. Auf 942 Metern erwartet uns eine **Stele des Ammergauer Meditationswegs** ❷. Dieser teilt sich auf einer Gesamtstrecke von rund 90 Kilometern auf in 14 unterschiedlich lange Etappen und führt von der Wieskirche im Pfaf-

Auszeittour 2

Kneippen mit Klosterblick

fenwinkel bis nach Schloss Linderhof in der Gemeinde Ettal, durch Bayerns größtes Naturschutzgebiet. Für uns geht es ab jetzt beschwingt bergab. Etwa 200 Meter weiter stoßen wir auf eine kleine Kreuzung, die uns links auf den **Ettaler Höhenweg** bringt. Regelmäßig öffnet der Wald sein Blätterdach, bis er komplett freie Sicht und eine wunderschöne Aussicht über das Kloster Ettal hinweg in die teils schroff aufragenden Ammergauer Gipfelformationen ermöglicht. In unterschiedlichen Abständen aufgestellte Bänke laden zum Verweilen und Schauen ein. Der Höhenweg ist der untere Abschnitt des **Berg-Wald-Erlebnispfades.**

Nach 2 Kilometern endet der aussichtsreiche Höhenweg. Scharf rechts biegen wir ein auf den **Mandl-**

Rund um Kloster Ettal

Für die Seele

Auf dem Höhenweg freuen wir uns über die Stille und den faszinierenden Blick auf felsige Wände über der Benediktinerabtei Kloster Ettal.

Kloster Ettal

weg. Bei einer Pause am Kneippbecken weckt die eisige Kälte des Wassers alle müden Lebensgeister. Von hinten nähern wir uns der gewaltigen Klosteranlage. Bevor wir uns das majestätisch anmutende **Kloster Ettal** ❹ anschauen, sollte ein Halt in der **Ettaler Schaukäserei** ❸, die direkt am Weg liegt, auf dem Plan stehen. Insgesamt 3000 Liter heimische Milch werden für die tägliche Produktion von den 37 Landwirten der Genossenschaft geliefert. Gemeinsam haben sie sich die traditionelle Käseproduktion und die regionale Vermarktung auf ihre Fahnen geschrieben. Unter dem Leitsatz „Probieren, Erleben und Genießen" wird hier Nachhaltigkeit gelebt.

Im Klosterinneren wird seit über 400 Jahren von den Ettaler Mönchen Bier gebraut. Eine Gin-Destillerie und Liqueur-Manufaktur gesellten sich ebenso hinzu wie die Möglichkeit, einen Blick in die Produktionsstätten zu werfen. Daneben lohnt sich auch eine gemütliche Runde durch die heiligen Hallen der imposanten Klosteranlage. Zurück an der Schaukäserei setzen wir unseren Weg fort und folgen der Friedhofsmauer hinab zur Straße.

Auch wenn Hauptstraße groß klingt, die Werdenfelser Straße, die durch Ettal und vorbei am Kloster führt, ist überschaubar. Wir folgen ihr für 300 Meter nach rechts, bevor wir direkt am **Klosterhotel Ludwig der Bayer** nach links in den Notalmweg abbie-

Der Feuerkäse und der Bierkäse sind Spezialitäten der Ettaler Schaukäserei, die man probiert haben sollte.

Im 18. Jahrhundert entstanden, prägt die majestätische Kuppel der Ettaler Benediktinerbasilika das historische Gotteshaus. Heute befinden sich neben einer Schule die Klausur der Mönche und kirchliche Handwerksbetriebe auf dem klösterlichen Anwesen.

Auszeittour 2

Höhenweg

Das Benediktiner-Gwölb in der Klosteranlage ist eine exklusive Veranstaltungslocation. Im Klosterhotel Ludwig der Bayer in Ettal lässt es sich auf höchstem Niveau übernachten. Das Klosterrestaurant Bräustüberl bietet samt Biergarten einen genussvollen Ort der Einkehr.

gen Ein Stück säumen Wiesen und Felder unsere Strecke. Den Blick aber ziehen die vor uns liegenden Berge auf sich, an deren Fuß wir nach rechts, entlang des Waldrandes, weiterwandern. Bei diesem Anblick ist es gut zu verstehen, warum das Kloster genau hier seinen Platz gefunden hat. Beschützt von massiven Bergen bietet das Moor freien Blick, um die Seele baumeln zu lassen. Ein Ausblick, den wir ungehindert genießen können. Ruhig und entspannt schlendern wir dahin und können unsere Gedanken treiben lassen, bis vor uns die **Ettaler Mühle** 5 auftaucht. Im typisch bayerischen Biergarten, unter schattigen Bäumen, lässt sich wunderbar eine Pause verbringen.

Frisch gestärkt und umgeben vom süßlichen Duft des Moores macht es uns nichts aus, dass der Weg nun ein breiter Feldweg ist. Eine kleine Brücke lässt uns

Rund um Kloster Ettal

die Ammer überqueren. Ab hier beginnt das Ursprungsgebiet der **Ammerquellen** ❻ mit seinen vielen unterschiedlich großen Quelltöpfen, aus denen die kleinen Seitenarme der Ammer entspringen. Je nach Wetter und Lichtstimmung liegen die Töpfe wie blaue Augen inmitten des **Naturschutzgebietes Ettaler Weidmoos**.

Nach 500 Metern macht unser Weg einen 90-Grad-Richtungswechsel nach rechts. Schroff ragt sie empor, die Falkenwand, in der sich Kletterer am Klettergarten **Frauenwasserl** ❼ heimisch fühlen. Bei einem Blick nach rechts zaubern uns glitzernde Spiegelungen aus dem Moor ein Lächeln ins Gesicht. Wie kleine Feen scheinen die Libellen zu tanzen. Anhalten, innehalten und den Augenblick spüren. Eine Auszeit für die Seele.

2 Kilometer später haben wir zwei unterschiedliche Möglichkeiten, zum Ausgangspunkt unserer Wanderung zu gelangen. Gemütlich geht es entlang der Ammer, dem Weg folgend Richtung Oberaudorf. Wer noch einen kleinen historischen Abstecher zum **Döttenbichl** ❽ machen möchte, biegt jetzt den schmalen Pfad nach links hoch in den Mischwald ab. Nach 50

> *Das Ettaler Weidmoos, Kalkflachmoor mit kleinen Hochmoorinseln, ist Heimat für Moorenzian und das gelb blühende Karlszepter. Auch seltene Wiesenbrüter, wie die Bekassine, das Braunkehlchen und der Wiesenpieper, findet man hier.*

Mühlrad am Biergarten

Auszeittour 2

Metern halten wir uns rechts und kommen nach weiteren 200 Metern an eine Stelle, wo Waffenfunde die Anwesenheit von Kelten und Römern bekunden. Heute ist der Platz gekennzeichnet von Ruhe und Ausblick.

Wir folgen dem Weg hinab, an der Kreuzung dann nach rechts und kommen so direkt wieder auf dem **Hauptweg** an der Ammer an. Das letzte Stück folgen wir dem Malensteinweg. Wir überqueren die König-Ludwig-Straße, bleiben aber auf der schöneren Ammerseite, um noch ein bisschen die Energie des Wassers zu spüren. Eine kleine Fußgängerbrücke führt unseren Weg zurück in die Eugen-Papst-Straße und damit zum Parkplatz und Ausgangspunkt unserer himmlischen Runde um Kloster Ettal.

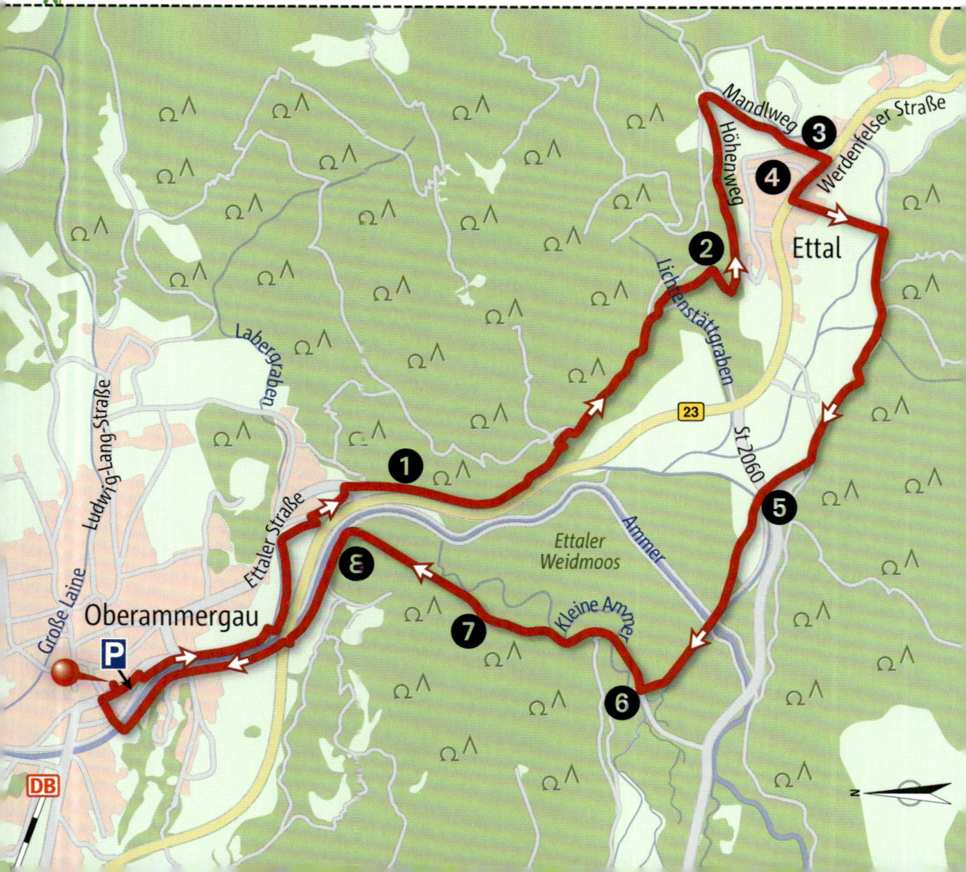

Alles auf einen Blick

Entspannung ★★★★★
Genuss ★★★★★
Romantik ★★★★★

WIE & WANN:
Leichte, breite Wanderwege, schmale Wald- und Naturwege sowie geteerte Feldwege. Ganzjährig schön, besonders im Frühjahr und Herbst sehr zu empfehlen.

HIN & WEG:
Auto: Parkplatz an der Tourist-Info/Ammergauer Haus, Eugen-Papst-Straße 17, 82487 Oberammergau (kostenlos) (GPS: 47.595655, 11.063958)
ÖPNV: Mit der Regionalbahn bis Bf. Murnau, dann Bus 9606, 9622 bis Eugen-Papst-Straße

ESSEN & ENTSPANNEN:
Es empfiehlt sich eine Jause im Rucksack. Einige schöne Rastplätze finden sich auf der Strecke.
Ettaler Mühle ❺ Ettaler Mühle 1, 82488 Ettal, Tel. (0 88 22) 64 22, www.ettaler-muehle.de

ENTDECKEN & ERLEBEN:
Bärenhöhle ❶
Stele des Ammergauer Meditationswegs ❷
Schaukäserei ❸ Mandlweg 1, 82488 Ettal, Tel. (0 88 22) 92 39 26
Kloster Ettal ❹ Kaiser-Ludwig-Platz 1, 82488 Ettal, Tel. (0 88 22) 7 40
Ammerquellen ❻
Frauenwasserl ❼
Döttenbichl ❽

Ausblick über den Kochelsee

Auszeittour 3

„Energieboost"
Loisacher Moorweg

Vorbei an der alten **St. Georgs Kirche** ❶ in Großweil wandern wir 50 Meter die Kleinweiler Straße hinunter bis zur Brücke. Der kleine Weg nach rechts, entlang der **Loisach,** ist unsere ebenerdige Strecke. 3,5 Kilometer wandern wir am Fluss entlang und genießen sein leises Plätschern. Auf den Wiesen um uns herum weiden bayerische Milchkühe und der Horizont ist geprägt von den schroff aufragenden Gipfeln von Jochberg, Herzogstand und Heimgarten – Bergriesen, die wuchtig schützend über das zu ihren Füßen liegende Land blicken.

Alte St. Georgs Kirche

Auszeittour 3

Kloster Schledorf

Der Herzogstand (1731 m. ü. NN) ist einer der berühmtesten Münchner Hausberge. Er bietet einen grandiosen Ausblick auf Walchensee und Karwendel.

Ruhig strömt das Wasser des Flusses und versorgt jede Zelle mit frischer Energie. Besonders die Morgenstunden eignen sich für diese entspannende Runde, wenn die Nebelschwaden aus dem Moor wabern, langbeinige Störche und Graureiher auf Futtersuche durch die Wiesen stolzieren. In der Region um das Kloster Benediktbeuern sind die eleganten Zugvögel regelmäßig zu Hause. Jahr für Jahr umsorgen sie ihren flauschigen Nachwuchs in ihrem Horst auf dem Klosterdach. Mit einer Größe von gut 1 Meter ist der Weißstorch auf seinen roten Beinen weithin sichtbar. Tarnen muss er sein weißes Gefieder mit den schwarzen Oberflügeldecken nicht, denn seine Nahrung, die aus Fröschen, Mäusen und Insekten besteht, findet er in den nahrungsreichen Wiesen in großer Vielzahl.

Wir streifen durch die Natur, bekommen den Kopf frei und lassen den Augenblick intensiv wirken. Vor uns die Weite des Loisachmoores, im Hintergrund die schützende Bergsilhouette. Eine Mischung aus Wiesen- und Wanderweg befindet sich zu unseren Füßen. Selbst bei feuchtem Wetter lässt es sich so trockenen Fußes wandern.

 Loisacher Moorweg

Für die Seele

Die Aussicht auf die Loisach beschert uns eine Auszeit vom Alltag. Hier können wir Kraft tanken.

Weithin sichtbar ragen die beiden Zwiebeltürme von **Kloster Schlehdorf** ❷ auf. Rund 30 Missionsdominikanerinnen führen das bereits 763 gegründete Haus. Bis ins 10. Jahrhundert war es ein Benediktinerkloster, wurde dann im Zuge der Säkularisation 1803 aufgelöst und 100 Jahre später an die Missionsdominikanerinnen von King William's Town verkauft. Die beeindruckende Klosterkirche St. Tertulin blieb Eigentum des bayerischen Staates und wurde der Pfarrei als römisch-katholische Pfarrkirche zur

Kochelsee mit Blick auf Herzogstand

Auszeittour 3

Verfügung gestellt. Neben der Kirche und dem duftenden Rosengarten lohnt sich ein Besuch im Klosterladen. Produkte einer ökosozialen Landwirtschaft werden hier als regional verkauft, dazu gehören Öko-Eier und nachhaltig produziertes Gemüse. Auch vom Aussterben bedrohte Nutztiere wie Werdenfelser Kühe und Bergschafe werden im Einklang mit dem Naturschutz auf dem Naturland Hof gezüchtet.

Die **Loisach** zeigt uns den Weg, ein Schild ist nicht nötig. Nach Unterquerung einer Straße wird der Pfad am Fluss entlang schmaler. Vorbei an einem Sportplatz, durchqueren wir feuchte Wiesen auf einer kleinen Landzunge im Kochelsee. Ob vom **Holzsteg** ❸ oder einer Bank, der Ausblick über das Wasser und die dahinter aufragenden Berge beruhigt und entspannt. Aufgeregtes Geschnatter einiger Enten aus dem Schilfgürtel und elegant, majestätisch dahingleitende Schwäne runden das Bild von perfekter Idylle ab. Ganz selten wird diese Ruhe durch das Passagier-

Der Kochelsee wird von der Loisach durchflossen und erhält zusätzlich Wasser über das Wasserkraftwerk aus dem Walchensee und damit von der Isar.

Bootshäuser am Kochelsee

Loisacher Moorweg

Marterl am Wegesrand

schiff unterbrochen, mit dem man an vier unterschiedlichen Stellen am See anlegen und eine Rundfahrt erleben kann. Den Fahrtwind spüren und dabei die malerische Landschaft aus einer ganz anderen Perspektive erleben. Eine kurze Wanderunterbrechung gefällig?

Vorbei an drei kleinen **hölzernen Bootshäusern** ❹ mündet der Weg in eine Allee aus Birken. Hell leuchtend heben sich ihre weißen Stämme gegen das dunkle Blau des kleinen Triftkanals ab, eines künstlichen Wasserlaufs, der noch heute das Wasser des Eichsees und des Höllsees aufnimmt. Auf dem Parkplatz stellt sich die Frage, ob wir nun noch den vorab geplanten kurzen Abstecher rechts zum Schlehdorfer Kloster

Loisacher Moorweg

Moor vor dem Kochelsee

unternehmen. Da es auf unserem Wege liegt, bietet es sich auf jeden Fall an. Der Klosterladen und der duftende Rosengarten sind absolut sehenswert.

Leckere bayerische Köstlichkeiten und fangfrische Fischspeisen warten in der Gaststätte **Klosterbräu Schlehdorf** ❺ darauf, Besucher auch auf der Außenterrasse zu verwöhnen.

50 Meter auf der Seestraße wandern wir nach Süden, um auf die Karpfseestraße abzubiegen. Vorwiegend auf Feld- und Wiesenwegen bummeln wir links am **Karpfsee** ❻ vorbei. Typisch für Oberbayern finden wir am Wegesrand ein hölzernes Marterl. Unser Blick schweift nach links oben. Am Hang sehen wir das 1976 gegründete **Freilichtmuseum Glentleiten** ❼.

Hier erfahren Besucher auf fast 40 Hektar alles zur Geschichte des bäuerlichen und vorindustriellen Lebens der oberbayerischen Bevölkerung. Von handwerklicher Technik über häusliche Gewohnheiten

Im Freilichtmuseum Glentleiten kann man auch einkehren: in der Museumsgaststätte, im Kramerladen oder im Biergarten am Salettl mit seiner historischen Kegelbahn.

Auszeittour 3

bis hin zur traditionellen Viehwirtschaft. In den fast 60 original erhaltenen Häusern, überwiegend aus dem 18. Jahrhundert, gibt es viele schon fast vergessene Alltagsgegenstände zu bestaunen und die Mustergärten, Wälder und Wiesen mit vielen Nutztieren laden zum Spazierengehen ein. 2018 wurde das Ensemble durch eine Brauerei erweitert. Regelmäßig wird das Freilichtmuseum durch interessante Objekte vergrößert. Ab und zu finden Eventtage statt, wie zum Beispiel Oldtimertreffen von Traktoren.

Mit oder ohne Abstecher erreichen wir schließlich die ersten Häuser von **Großweil,** überqueren die Hauptstraße und haben unsere entspannende Auszeit vom Alltag abgeschlossen.

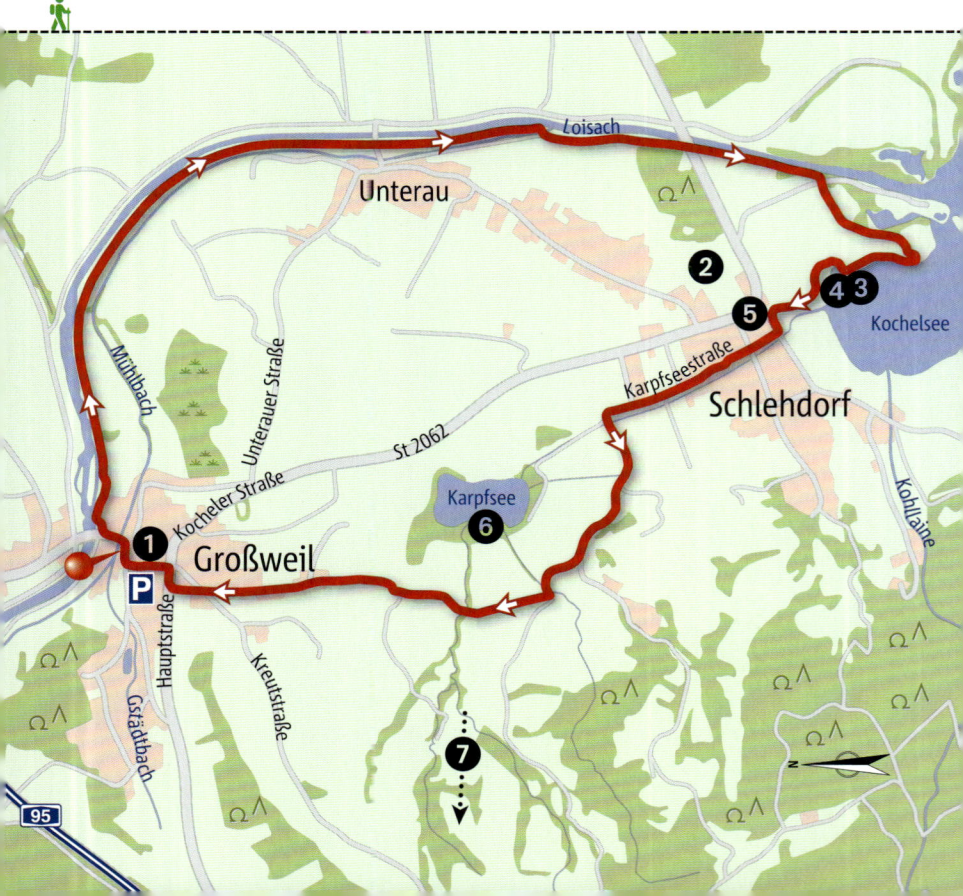

Alles auf einen Blick

Entspannung ✴✴✴✴✴
Genuss ✴✴✴✴✴
Romantik ✴✴✴✴✴

WIE & WANN:
Leichte Wanderung über einen schmalen Wiesenpfad und Feldweg.
Die Tour ist zu jeder Jahreszeit genussvoll.

HIN & WEG:
Auto: Wenige Parkplätze an der Alten Murnauer Straße, 82439 Großweil (GPS: 47.676859, 11.302665)
ÖPNV: Mit dem Bus 9611 (aus Murnau und Kochel) bis Rathaus, Großweil

ESSEN & ENTSPANNEN:
Es empfiehlt sich eine Jause im Rucksack. Einige schöne Rastplätze finden sich auf der Strecke.
Klosterbräu Schlehdorf ❺ Seestraße 2, 82444 Schlehdorf, Tel. (0 88 51) 2 86, https://klosterbraeu-schlehdorf.de

ENTDECKEN & ERLEBEN:
St. Georgs Kirche ❶
Kloster Schlehdorf ❷ Kirchstraße, 82444 Schlehdorf
Holzsteg ❸
Hölzerne Bootshäuser ❹
Karpfsee ❻
Freilichtmuseum Glentleiten ❼ An der Glentleiten 4, 82439 Großweil, Tel. (0 88 51) 18 50

- ✻ 8 Kilometer
- ✻ 330 Höhenmeter
- ✻ 3 Stunden
- ✻ Rundweg

Felsenweg

Auszeittour 4

Schroffer Berg
Felsenweg um den Stein

Schon aus der Ferne ist er zu sehen: der kecke Waldkopf namens Stein zwischen Kochelsee und Herzogstand. Beim Stein von Kochel handelt es sich nicht wie beim berühmten Schmied von Kochel um eine Sagengestalt. Ganz im Gegenteil. In den zerfurchten Flanken des 930 Meter hohen Berges Stein verbirgt sich Ungewöhnliches – ein Indianer, ein Friedhof, Afrika und ein Riesenlurch. Doch dazu mehr auf unserer Wanderung.

Das Franz Marc Museum ist ein modernes Museumsgebäude hoch über dem Kochelsee mit Skulpturen im Museumspark. Hier kann man die Kunst der „Blauen Reiter" in der Landschaft erleben, die die Künstler inspirierte.

Unsere Tour folgt einer kleinen Straße, vorbei am Umspannwerk direkt Richtung See. Ein schmaler Pfad führt durch ein kleines Wäldchen und bereits die erste Wiese ermöglicht uns einen Blick auf den grünblauen Kochelsee. Vom Ufer des Kochelsees nähern wir uns links dem massiven Stein und damit dem Ziel unserer ersten Etappe, dem **Felsenweg.** Den Wasserabfluss des beeindruckenden Kraftwerks und die Mündung des Jochbachs in den See überqueren wir mittels kleiner Brücken.

Bald tauchen hinter Laubbäumen weiße Mauern auf. Von hier an sollten wir uns auf die Beschaffenheit des Felsenweges konzentrieren. Wurzeln und Felsstücke wechseln sich mit federndem Waldboden ab. Hautnah schlängelt sich der Pfad an den schroffen Kalkwänden entlang. Die Sonne strahlt zwischen den Bäumen hindurch, spiegelt sich im Wasser und wirft glitzernde Reflexe zurück. Ein Lichterspiel der Natur. Immer wieder heißt es stehen bleiben, schau-

Auszeittour 4

en und genießen. Farblich und landschaftlich erinnert der Blick hinab zum blaugrünen See ein bisschen an die Fjorde Norwegens. Eine Holzbank am Ufer ist mit wenigen Schritten zu erreichen, direkt am Wasser hört man nichts anderes als die sanfte Bewegung des Wassers, wenn es auf die kleinen Kieselsteine am Ufer trifft. Exponiert wie eine steinerne Plattform ragt der **Aussichtsfelsen** ❶ mit dem mächtigen Jesuskreuz auf den See hinaus. Ein paar wenige Stufen sind zu erklimmen. Spiegelglatt liegt er vor uns, der Kochelsee mit seinen 6 Quadratkilometern Ausmaß. Am gegenüberliegenden Ufer ragen deutlich die beiden Zwiebeltürme des Schlehdorfer Klosters in die Höhe und im Osten behauptet sich die schroffe Nordwand des ansonsten zahmen Jochbergs. Ein Ort zum Verweilen. Vom Felsen aus zeigt die Natur eindrucksvoll, wie der Name „Blaues Land" der Künstlergemeinschaft „Blauer Reiter" um Kandinsky und Münter Anfang des 20. Jahrhunderts entstand. Eine Vielzahl an unterschiedlichen Blauschattierungen beruhigt und verwöhnt zugleich.

Blick vom See auf Kraftwerk Herzogstand

Felsenweg um den Stein

Für die Seele

Wir tauchen ein in die Tiefen der Blautöne, während wir auf einem Felsen hoch über dem See die Weite spüren.

Weg am See

Zurück auf unserem **Hauptpfad** rücken die kargen Felsen immer näher, bis wir durch ein kleines Waldstück mit ausgeprägt moorigem Untergrund und einem riesigen Bärlauchteppich hinaus auf eine weite Wiese treten. Geblendet von der Sonne, ragen gewaltig die Stahlkolosse der Stromtrasse auf und lassen uns bewusst werden, mit welch brutalem Eingreifen der Mensch die Natur verändert. Das Kraftwerk produziert nachhaltig Strom, doch werden auch Wege benötigt, diesen zu den Verbrauchern zu transportieren.

Wer jetzt abkürzen möchte, dreht um und genießt den schönsten Teil der Runde erneut.

Wir aber gehen weiter. Der erste Abzweig links führt uns auf einem schottrigen Pfad weg vom See, die Rauter Straße hinauf auf den **Jocher Höhenweg.**

Der anstrengendste Teil unserer Rundwanderung liegt vor uns. Die vielen wunderschönen Eindrücke des Felsenwegs haben uns mit Energie gefüllt und so macht uns der Weg nichts aus. Mit mäßiger Steigung schlängelt sich der Forstweg den Hang hinauf. Mal sind es hohe Fichten, dann wieder lichte Blätterdächer der Buchen, die uns begleiten. Fast urwaldartige Waldabschnitte hängen sich an. Während wir die fa-

 Auszeittour 4

1924 wurde das Speicherkraftwerk Walchensee fertiggestellt. Es ist eines der größten Wasserkraftwerke der Welt. Zur Stromerzeugung werden die Höhenunterschiede zwischen Walchensee und Kochelsee wirkungsvoll genutzt.

cettenreiche Region durchwandern, mutet der nadel- und blattbedeckte moosige Waldboden an, als ob hinter der nächsten Ecke kleine Elfen und Gnome lauern. Passend dazu hören wir immer mal wieder Stimmen. Dass wir uns inmitten eines klassischen Klettereldorados bewegen, muss man erwähnen. Von unserem Weg kaum sichtbar, führen unauffällige Pfade zu versteckten Felswänden und Zacken. Eine ganze Palette von schwierigen Kletterrouten mit spektakulären Namen wie Indianer, Friedhof, Afrika oder Riesenlurch ist hier im Angebot.

Für uns geht es weiter auf dem Hauptweg. Eine Bank markiert den höchsten Punkt unserer Auszeittour. Nach rechts führt der Weg auf den Herzogstand, eine ambitionierte Wandertour, die es mit einigen Höhenmetern in sich hat. Wir halten uns geradeaus und genießen eine abwechslungsreiche Flora auf einer weiten Wiese. Bald gesellt sich der **Jochbach** zu unserem Weg. Sein leises Gurgeln und Plätschern zusammen

Felsenweg um den Stein

mit würzigem Waldduft und dem Zirpen der Grillen bildet die natürliche Kulisse auf unserem Weg und sorgt für gute Laune.

Verlaufen ist nicht mehr möglich. Auch wenn der Weg stellenweise steil bergab führt, regelmäßig geben die Bäume den beeindruckenden Blick auf die schroffen Felsenwände von Herzogstand und Heimgarten preis. Auch von unten betrachtet wird klar, warum gerade diese Bergformation König Ludwig II. von Bayern fasziniert hat. Imposant und beeindruckend bildet sie einen Bergkamm zwischen dem Alpenvorland und dem Estergebirge.

Am Schluss der Runde schlendern wir über eine aussichtsreiche Wiese, mit Blick auf die sechs gewaltigen Druckrohre, durch die das Wasser vom Walchensee zur Stromerzeugung durch die Turbinen auf Kochelseehöhe fließt. Beeindruckend, diese Dimensionen.

Der Kochelsee entstand während der letzten Eiszeit durch den Isar-Loisach-Gletscher und verlandet seitdem langsam. Im nördlichen Bereich liegt deshalb ein ausgedehntes Hochmoor. Mit seinen 66 Metern Tiefe ist sein Grund fast auf demselben Niveau wie der des 200 Meter höher gelegenen Walchensees, mit 190 Metern einer der tiefsten Seen Bayerns.

Kuriose Felsformationen

Ausblick über den Kochelsee und das Loisacher Moor

Auszeittour 4

Jetzt wird es Zeit für einen Besuch im **Walchenseekraftwerk Informationszentrum** ❷ inklusive des historischen **Krafthauses** ❸. Spannende Einblicke in die Energie der Gegenwart und Zukunft ergeben sich, Informationen, welche Technik verständlich und lebensnah zeigen. Das Walchenseekraftwerk ist von Februar bis November kostenfrei zu besichtigen.

Eine Stärkung gefällig? Einen wunderbaren Platz bietet dafür die **Oskar-von-Miller Einkehr am Kraftwerk** ❹, angeschlossen an das Besucherzentrum. Nach dieser Auszeitrunde schmeckt der vegetarische Spinatknödel mit Bergkäse an buntem Salat auf der Terrasse mit Kraftwerkblick gleich doppelt gut.

Alles auf einen Blick

Entspannung ✦✦✦✦✦
Genuss ✦✦✦✦✦
Romantik ✦✦✦✦✦

WIE & WANN:
Leichte, kalksteinige Pfade, Wiesen- und Waldwege.
Die Wanderung ist für jede Jahreszeit geeignet.
Frühmorgens ist die beste Tageszeit.

HIN & WEG:
Auto: Parkplatz am Walchenseekraftwerk, Altjoch 21,
82431 Kochel (kostenlos) (GPS: 47.6304290, 11.3389350)
ÖPNV: Mit dem Bus 9608 bis Altjoch, Kochel am See,
dann 1 Kilometer der Altjochstraße folgen.

ESSEN & ENTSPANNEN:
Es empfiehlt sich eine Jause im Rucksack. Einige schöne Rastplätze finden sich auf der Strecke.
Oskar-von-Miller Einkehr am Kraftwerk ❹ Altjoch 21,
82431 Kochel am See, Tel. (0 88 51) 9 40 51 17, www.ovm-einkehr.de

ENTDECKEN & ERLEBEN:
Exponierter Aussichtsfelsen ❶
Walchenseekraftwerk Informationszentrum ❷ Altjoch 21, 82431 Kochel am See
Historisches Krafthaus des Wasserwerks ❸

Hohlweg Richtung Loisach

- ❋ 11 Kilometer
- ❋ 300 Höhenmeter
- ❋ 3 Stunden
- ❋ Rundweg

Panoramatour 5

Direkt hinter dem Bushäuschen schlängelt sich ein **kleiner Pfad** an zauberhaft gepflegten Gärten entlang und unter Schatten spendenden Bäumen hindurch. Dies ist der Startpunkt unserer Wanderung. Bei guter Sicht können wir sogar in der Ferne die Zugspitze erblicken. Regelmäßig öffnen sich Lücken in der Pflan-

Magische Stimmung
Durchs Guglhör-Moor bei Murnau

zenpracht und geben die ersten Blicke frei in die oberbayerische Bergwelt. Nach 600 Metern treffen wir auf die Hagener Straße, die ab hier zur Murnauer Straße wird und der wir nach links, leicht ansteigend, folgen. Am Kirchplatz machen wir einen kurzen Abstecher nach rechts. Hier befindet sich die **Kapelle St. Blasius** ❶ in Hagen. Hagen, ein Ortsteil von Riegsee, gehört zur Pfarrgemeinschaft Murnau. Die barocke Kapelle mit spätgotischem Kirchturm ist vom Baustil eine Saalkirche und stammt aus der Zeit um 1734, Teile des Turms werden allerdings schon der Ersterwähnung des Ortes um 1177 zugeschrieben.

Die kleine römisch-katholische Barockkirche St. Blasius hat einen Seitenaltar mit dem Bild des heiligen Erasmus. Dieses erinnert daran, dass die unterhalb vorbeifließende Loisach von den Hagener Flößern befahren wurde.

Unser eigentlicher Weg führt anschließend in die genau entgegengesetzte Richtung. Ein breiter, sonnenbeschienener Feldweg lässt uns zwischen Pferdekoppeln und saftigen Wiesen hindurchwandern. Noch 400 Meter und wir haben den höchsten Punkt unserer heutigen Tour erreicht. Auf einem Höhenrücken, der sich zwischen Riegsee und Loisach entlangzieht, geht es unaufdringlich und doch spektakulär 3 Kilometer entlang des Waldes. Weich ist der Wiesenboden unter unseren Füßen und Schönheit

Panoramatour 5

Bergwirtschaft Guglhör

umgibt uns, wohin wir blicken – beeindruckend, wie sich blau schimmernd das Panoramabild der Alpenketten zu unserer Rechten erhebt. Wunderschön gelegen ist der Biergarten der **Bergwirtschaft Guglhör** ❷, der zur Rast einlädt. Hier können wir eine kurze Pause einlegen, unsere Füße entspannen und die einzigartige Umgebung auf uns wirken lassen.

Frisch gestärkt und berauscht von traumhafter Aussicht biegen wir gegenüber dem Gasthof rechts in den zum Wald führenden Weg hinein. Sanft umfängt uns die Kühle der Bäume. Fast magisch wirkt das „Waldzartgrün" auf unsere Seele, lässt uns die klare, frische Luft tief durchatmen und die Anmut der Natur spüren.

Wir wandern auf einem breiten Weg gemütlich den Berg hinab. Nach 400 Metern biegen wir rechts in

Durchs Guglhör-Moor bei Murnau

einen schmalen Weg ein, der kurz nach dem Abzweig zu einem Hohlweg wird. Hohlwege faszinieren Groß und Klein, kann man sich doch in diesen immer wieder ihre Entstehung vorstellen, die recht unterschiedlich sein kann. Zum einen entwickeln sich Hohlwege oft durch jahrhundertelange Nutzung für den Holzabtransport oder durch Schneisen, die als regelmäßi-

 Für die Seele

Auf sonnigen Pfaden freuen wir uns über den Ausblick auf das Blaue Land mit einem atemberaubenden Bergpanorama.

Genussvolle Auszeit

ge Laufstrecke für Tiere genutzt wurden. Letztendlich aber ist es auch der Urgewalt des Wassers geschuldet, das sie durch starke Auswaschungen ihren Weg gefunden haben. Aufmerksam den Boden im Auge zu haben, ist zum einen wegen möglicher Wurzelhindernisse sinnvoll, zum anderen aber auch, um Kreuzottern und Lurche zu entdecken, die sich hier wohlfüh-

Blick auf das Zugspitzmassiv

Panoramatour 5

Hölzerne Brücke zur Loisach

Die Loisach entspringt nördlich des Fernpasses bei Ehrwald in Tirol, überwindet fast 500 Höhenmeter, bevor sie nach 113 Kilometern nahe dem bayerischen Wolfratshausen in die Isar mündet. Um die Loisach erstreckt sich mit den 4000 Hektar Loisach-Kochelsee-Mooren eines der größten zusammenhängenden Feuchtgebiete Deutschlands.

len. Die sanfte Mischung aus Schatten und Sonne weckt die Lebensgeister vieler Waldbewohner.

Am Fuße des Berges angelangt, öffnet sich der Wald und gibt den Blick auf eine kleine Brücke frei. Die Holzbank unter der Esche ist ein wundervoller Platz für eine kleine Rast. Sonnige Lichtreflexe glänzen wie Perlen in der türkisblauen Loisach.

Vor uns liegt die sonnige Weite des **Hagener Mooses** ❸ mit seinen seltenen Pflanzen und im Hintergrund thronen die schroffen Berggipfel von Herzogstand, Heimgarten und Ettaler Mandl. Zu jeder Jahreszeit kann man bei einer Wanderung durch die weiten Moosflächen Neues entdecken. Diese Landschaft, mit einer hohen Diversität von Flora und Fauna, gilt es zu schützen. Ziel ist es, das empfindliche Gleichgewicht nicht zu stören. Auf sandigem Weg folgen wir stets der uns entgegenströmenden **Loisach.** Gemütlich mäandert sie zwischen großen Weiden, Erlen und Birken durch das Moor. Regelmäßig treffen wir auf Hinterlassenschaften des fleißigen Bibers, dem die Bäume zu schmecken scheinen, die gleichzeitig aber auch das perfekte Material für seine Behausung darstellen. Diese 4 Flusskilometer bieten ge-

Durchs Guglhör-Moor bei Murnau

rade im Sommer viele schöne Rastmöglichkeiten. Hölzerne Bänke mit teilweise herrlichem Ausblick über den Fluss bis in die voralpenländische Bergwelt lassen uns entspannen. Je nach Wasserstand bilden sich Kies- oder freiliegende Sandbänke, die alternative Picknickplätze entstehen lassen. Meist ganz sanft gleitet sie dahin, die Loisach, die im österreichischen Ehrwald entspringt, mit ihrer Hochwasserproblematik immer wieder für Schlagzeilen sorgt und hinter Wolfratshausen in die Isar mündet. Mit ein bisschen Glück bieten sich gerade in den Spätnachmittags- und Abendstunden zudem beeindruckende Sonnenuntergänge. Verlegen wir die Panoramatour in die frühen Morgenstunden, ist sie oft geprägt von mystischen Nebelschleiern, die aus Moor und Fluss emporsteigen. Moornebel entsteht aufgrund der hohen Bodenfeuchtigkeit und der damit verbundenen schlechten Wärmeleitung sehr häufig. So ist die Chance, faszinierende Nebelbilder zu sehen, über dem Hagener Moor besonders hoch.

Loisach

Panoramatour 5

Wir erreichen **Mühlhagen** und bleiben auf dem Weg, bis wir auf die Kocheler Straße stoßen. 50 Meter folgen wir dieser nach rechts, um sogleich wieder rechts auf einen kleinen Hof abbiegen zu können. Bevor wir dann die Häuser erreichen, laufen wir auf dem kleinen, von Bäumen gesäumten Pfad nach links. Den gleichen Weg, den wir vorhin talabwärts gegangen sind, wandern wir nun auf dem schattigen Weg über Wurzeln hinauf. Nach nur 700 Metern erreichen wir die Hagener Straße, queren diese und treffen nach einem kurzen Anstieg auf den kleinen Pfad, der uns nach links direkt an unseren Ausgangspunkt, das braune hölzerne Bushäuschen, zurückführt.

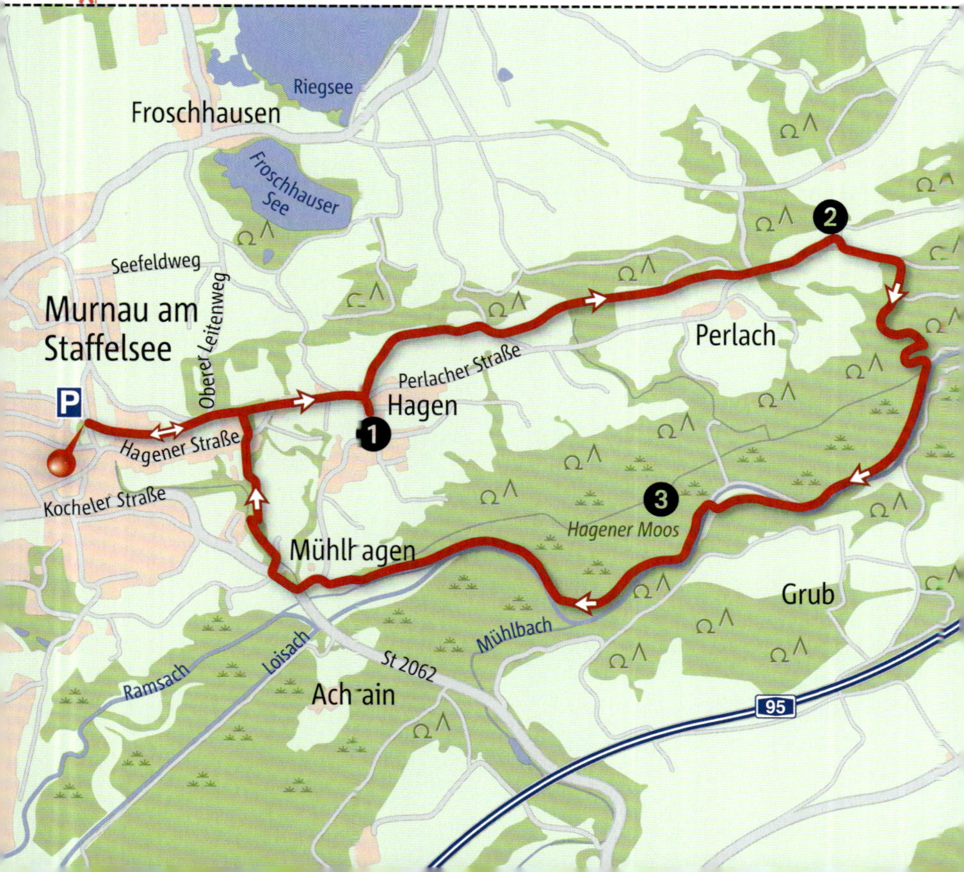

Alles auf einen Blick

WIE & WANN:
Sehr sonniger, leichter Rundweg, vorwiegend auf Wiesen- und Waldwegen, außerdem ein kurzes Stück wenig befahrene Dorfstraße.
Beste Wanderzeit ist im Frühsommer, Herbst oder auch bei geringer Schneehöhe im Winter.

HIN & WEG:
Auto: Parken am Straßenrand Hagener Leite/Leitnerweg, 82418 Murnau (GPS: 47.6761520, 11.2141860)

Entspannung ✸✸✸✸✸
Genuss ✸✸✸✸✸
Romantik ✸✸✸✸✸

ÖPNV: Mit der Regionalbahn bis Bf. Murnau, dann mit Bus 9612, 9611 bis Murnau Sollerstraße

ESSEN & ENTSPANNEN:
Es empfiehlt sich eine Jause im Rucksack. Einige schöne Rastplätze finden sich auf der Strecke.
Biergarten der Bergwirtschaft Guglhör ❷ Guglhör 1, 82418 Riegsee, Tel. (0 88 41) 6 26 00 22

ENTDECKEN & ERLEBEN:
Kapelle St. Blasius ❶ Am Kirchplatz 4, 82418 Riegsee
Hagener Moos ❸

Segelboote auf dem Starnberger See

❋ 14 Kilometer
❋ 140 Höhenmeter
❋ 3 Stunden
❋ Rundweg

Panoramatour 6

Zentral starten bedeutet ein paar Schritte durch **Bernried,** einen Ort mit knapp 5000 Einwohnern, in Kauf nehmen. Doch schnell führt uns die Zugspitzstraße ab dem Bahnhof zur Weilheimer Straße, die wir nach 100 Metern über die Straße Am Sportplatz in den Happbacher Weg verlassen. Beeindruckend sind hier

Zeitlose Seenliebe
Seenlandschaft um Bernried

die riesigen Bäume, von denen noch einige auf unserer Wanderung folgen werden. Schon wird es grün, während sich von links der alte **Wasserturm ❶** in unser Blickfeld schleicht. Bis zum Bau eines neuen Grundwasserpumpwerks im Jahre 2014 fand hier die Trinkwasserspeicherung der Gemeinde Bernried statt. Bauliche Mängel und ein zu geringes Speichervolumen des alten Wasserturms sorgten für ein neues Konzept der Wasserversorgung. Seither steht er leer und wartet auf eine neue Bestimmung. Ob als Aussichtsturm oder Café. Wir betrachten ihn aus der Ferne, eine Besteigung ist nicht möglich und der Abstecher lohnt sich nicht. Unserem Wiesenweg folgend, biegen wir an der nächsten Weggabelung links ab und befinden uns nun auf dem **Prälatenweg.** Mit einem herrlichen Alpenpanorama vor uns schlendern wir in den Wald hinein und kommen nach wenigen gemütlichen Wanderminuten an den **Neusee ❷.**

Dass See oder Weiher hier nicht zwingend Wasser bedeuten, stellen wir schnell fest. Einige der ehemaligen Klosterweiher sind verlandet und bieten vielfältigen Tier- und Pflanzenarten eine Heimat.

Panoramatour 6

Der 145 Kilometer lange Prälatenweg durchquert das schwäbische und oberbayerische Voralpenland parallel zur Bergkette. Markiert ist der Fernwanderweg mit zwei blauen Bischofsstäben auf weißem Grund. Seit 2014 wird der Weg nicht mehr betreut.

Ursprünglich entstanden in einer wirtschaftlichen Verbindung zu dem früheren Kloster der Augustinerchorherren, sind sie heute ein Ort der Ruhe und Entspannung. So auch der ehemals künstlich angelegte Neusee, der aufgrund des Hochwasserschutzes für die Gemeinde Bernried trockengelegt wurde. Zu seinen aktiven Zeiten wurde der Neusee durch den Bernrieder Weiher gespeist und entwässerte in den Auweiher. Eine kleine Seenplatte entstand, die heute ein genussvoller Ort für wanderbare Auszeiten ist.

Gemütlich setzen wir unseren Weg fort, der sich nach links wendet und zu einem wurzeligen Pfad wird. Wir verlassen den Prälatenweg, der nun abzweigt, und halten uns weiter geradeaus. Sanft steigt der Pfad entlang des Waldsaumes an und eröffnet einer wunderschönen Ausblick über freie Wiesen mit beindruckendem Bergblick. Oben angekommen, halten wir uns auf einem breiter werdenden Weg

Auweiher

Seenlandschaft um Bernried

rechts. Trotz mangelnder Beschilderung funktioniert die Orientierung problemlos. Durch den Wald schlendernd, queren wir nach 1,5 Kilometern eine Straße, um auf der gegenüberliegenden Seite unseren Weg bis an die Nordspitze des **Gallaweihers** ❸ fortzusetzen. Faszinierend schön entdecken wir kleine eigene Naturwelten am Wegesrand. Walderdbeeren

 ## Für die Seele

Im Halbschatten am Auweiher sitzen, den Grillen lauschen und im Windspiel der Blätter Ruhe finden. So kann man in der Natur entspannen.

Gallaweiher

sonnen sich ebenso am Boden wie kleine Tannen, die sich dem Licht zuwenden.

Rechts gehend kommen wir direkt an den See. Versteckt liegende Buchten und gemütliche Bänke laden uns ein, hier zu verweilen. Moorig braun mutet das Wasser des einst künstlich erschaffenen Gewässers an. Umrundet wird er nicht, der Gallaweiher. Ein Weg am Ende des Weihers steigt kurz hinauf und führt uns rechts wieder hinunter zu den großen Pferdekoppeln des privaten Bernrieder Gestüts. Lebenslustig springen die Fohlen zwischen den Zuchtstuten umher, die hier viel Freiheit genießen. Rechts unterqueren wir die Eisenbahnstrecke und erreichen rechter Hand den **Auweiher** ❹. Eben in diesen Weiher wird der trockengelegte Neusee entwässert.

Ein kleiner Holzsteg eignet sich als perfekter Rastplatz. Hier ist man umgeben von Wasser und traumhafter Natur. Fast 8 Kilometer sind wir bereits unter-

Blick über die Wiese

Seenlandschaft um Bernried

wegs und nähern uns mit jedem Schritt dem Starnberger See, immer dem Weg Richtung Hausstätter Weiher folgend. Kurzweilig geht es über Felder und moorige Wiesen, ein typischer Anblick für die Moränenlandschaft um Bernried. Versteckt zwischen Bäumen liegt er da, klein und ruhig, fast unscheinbar, der **Hausstätter Weiher ❺,** an dessen Ende wir auf die ersten Häuser von Bernried treffen. Vom Höhenrieder Weg eröffnet sich eine berauschende Aussicht über den nördlichen Starnberger See. Wer abkürzen und die Runde beenden möchte, quert hier die Weilheimer Straße, biegt links in die Wettersteinstraße ein und erreicht so nach 300 Metern den Bahnhof.

Den See im Blick, einem Wiesenweg folgend, steuern wir hinab zum Ufer. Den **Yachthafen Marina ❻** lassen wir links liegen und erreichen das Ufer. Lautlos dümpeln die Segelboote auf schier unendlichem Blau. Es ist eine Wohltat, auf dem Unteren Seeweg durch den Bernrieder Park zu schlendern. Viele Möglichkeiten zur Einkehr bietet der Weg nicht. Einzig in der **Hubl Fischerei ❼,** einem Ruderbootverleih, kann man bei einem kühlen Getränk und einem Stück hausgemachtem Kuchen auf der Liegewiese des Naturbads eine Pause machen.

Ab hier führen viele kleine Wege vom See weg in Richtung Ort Bernried. Es kommt ganz darauf an, wie lang der Wasserweg am Ufer entlangführen soll. Der Bahnhof ist ausgeschildert und nicht zu verfehlen.

Ein Abstecher ins **Kloster Bernried ❽** ist empfehlenswert. Dafür ist es sinnvoll, sich ohne weiteres Schlendern über den Seeweg in Richtung Ort zu halten. Das ehemalige Augustiner-Chorherrenkloster hat eine bewegte Geschichte, die bis ins 12. Jahrhundert zurückreicht. Auf dem Grund eines ehemaligen Jagdschlosses errichtet, wurde es 1803 als Gotteshaus aufgelöst, zu einem Schloss umgestaltet und zu Zeiten des Zweiten Weltkrieges als orthopädische Klinik umfunktioniert. Seit 1970 leiten die Missions-Benediktinerinnen hier ein Bildungshaus für kirchliche Er-

Der Starnberger See ist der fünftgrößte See Deutschlands und steht an zweiter Stelle, was die Wassermenge angeht. Das liegt an seiner Durchschnittstiefe von über 50 Metern. Bei einer Umrundung legt man eine Strecke von 49 Kilometern zurück. Entstanden während der Würmeiszeit, wird das Seebecken von kleinen Bächen und unterirdischen Quellen gespeist.

Panoramatour 6

wachsenenbildung. Einen Ort zum Seele-baumeln-Lassen finden wir in der Parkanlage, nur einen Katzensprung entfernt vom Kloster Bernried. Ein englischer Landschaftsgarten wurde hier Mitte des 19. Jahrhunderts vom königlichen Oberhofgärtner von Effner erschaffen. An dieser Stelle lassen wir unsere Wanderung entspannt ausklingen.

Wer sich für Kunst interessiert, sollte noch einen Abstecher zum **Buchheim Museum der Phantasie** ❾ machen. Das Gebäude erinnert an ein Schiff und liegt direkt am See. Bekannt ist es vor allem für seine Sammlung von Werken bekannter Expressionisten wie Emil Nolde und Ernst Ludwig Kirchner. Auch ein Spaziergang durch den umliegenden Park mit Skulpturen und anderen Kunstwerken lohnt sich.

Alles auf einen Blick

WIE & WANN:
Leichte Wanderung über Wiesenpfade, Wald- und Feldwege, streckenweise Asphalt.
Ganzjährig schön. Im Frühjahr sind die bunt blühenden Wiesen eine Augenweide.

HIN & WEG:
Auto: Parkplatz Bf. Bernried, Bahnhofstraße, 82347 Bernried am Starnberger See
(GPS: 47.861350, 11.283868)

Entspannung ✴︎✴︎✴︎✴︎✴︎
Genuss ✴︎✴︎✴︎✴︎✴︎
Romantik ✴︎✴︎✴︎✴︎✴︎

ÖPNV: Mit der Regionalbahn von München bis Bf. Bernried
Schiff: Mit der Bayerischen Seenschifffahrt zum Anlegesteg Bernried
(GPS: 47.8677780, 11.2969590)

ESSEN & ENTSPANNEN:
Es empfiehlt sich eine Jause im Rucksack. Einige schöne Rastplätze finden sich auf der Strecke.
Hubl Fischerei ❼ An der Mühle 1, 82347 Bernried am Starnberger See,
Tel. (01 51) 55 56 64 46, www.hubl.org

ENTDECKEN & ERLEBEN:
Wasserturm ❶
Neusee ❷
Gallaweiher ❸
Auweiher ❹
Hausstätter Weiher ❺
Yachthafen Marina ❻ Am Yachthafen 1–15, 82347 Bernried am Starnberger See
Kloster Bernried ❽ Klosterhof 8, 82347 Bernried am Starnberger See
Buchheim Museum der Phantasie ❾ Am Hirschgarten 1, 82347 Bernried am Starnberger See

Panoramatour 7

Eine mächtige Linde markiert den wohl ältesten deutschsprachigen Text. In Stein gemeißelt steht hier das **Wessobrunner Gebet** ❶ aus dem 9. Jahrhundert. Es wurde wahrscheinlich im Staffelseekloster auf der Insel Wörth verfasst. Gegenüber führt uns unser Weg in den Klosterhof. Das traditionsreiche **Benediktinerinnen-**

Historisch und giftig
Durch den Paterzeller Eibenwald

kloster ❷ ist heute in Privatbesitz und dient einer Kosmetikfirma als Seminar- und Produktionsstätte. Neben der Pfarrkirche und dem historischen Brunnenhaus ragt prominent der „**Graue Herzog**" ❸ auf. Der im 13. Jahrhundert aus Tuffsteinquadern errichtete massive Turm diente wechselweise mal als Wehrturm, mal als Gefängnis. Heute ist er ein geschütztes

Kloster Wessobrunner

Panoramatour 7

Baudenkmal. Durch einen kleinen Torbogen folgen wir einem Wiesenpfad hinunter zur **Mariengrotte** ❹. Wir passieren den künstlich angelegten See, um wenig später durch die Klostermauer zu schlüpfen. Unser Weg geht nun nach links oben, doch ein kleiner Abstecher nach rechts muss sein. Uns erwartet das **Naturdenkmal Tassilolinde** ❺. Benannt nach Bayernherzog Tassilo III., der eben genau unter dieser Linde sitzend den Traum hatte, exakt an dieser Stelle das Wessobrunner Kloster zu gründen. Mit einer Höhe von 25 Metern und einem Stammumfang von 14 Metern zählt dieser Riese als drittgrößte Linde in Bayern. Das genaue Alter ist nicht bekannt, doch sie gilt als „tausendjährig".

Zurück auf dem **Hauptweg** biegen wir an zwei frei stehenden Häusern rechts ab. Eine traumhafte Aussicht bis über den Starnberger See tut sich auf, die uns auf dem nächsten Kilometer begleiten wird. Ein Feldweg namens Schmuzerstraße quert unsere Strecke und wir biegen nach links ab. 2 Kilometer geht es nun durch lichten Mischwald, bis wir auf den Steingraben stoßen. Die Ausschilderung ist recht spärlich und es

Naturdenkmal Tassilolinde

Durch den Paterzeller Eibenwald

Zellsee

geht für uns weiter nach rechts in südliche Richtung. Zwischen Mühlbach und Rott folgen wir dem Weg. Ein **kleiner Abzweig**, unübersehbar nach links, führt uns durch wildromantische Natur auf einem kleinen Pfad entlang der Rott. Eine Pferdekoppel rechter Hand und ein erhöhter Geräuschpegel signalisieren uns die nahende Bundesstraße, die wir 200 Meter weiter rechts dank eines kleinen Tunnels unterwandern. Vor uns taucht die **St. Martin Kapelle** auf, wir laufen weiter auf dem zum „Zellsee" beschilderten Weg durch einen kleinen Weiler.

Bunte Abwechslung bietet die artenreiche Vegetation am Wegesrand. Überall zwitschert und tschilpt es. Wir befinden uns im Vogelschutzgebiet. Unzählige Wasservögel haben sich auf dem **Zellsee** ❻ niedergelassen. Gut 1,2 Kilometer genießen wir unseren schmalen Weg mit vielen gemütlichen und aussichtsreichen Plätzen direkt am See entlang. Jede noch so kurze Pause erhöht die Qualität unserer Tour.

Ein Wegstück verläuft durch den moorigen Rottgraben und unser Weg führt uns, vorbei am Gut

Der private Zellsee besteht aus zahlreichen verschiedenen Fischteichen. Die so aufgestaute Rott diente seit 1414 als Nahrungsversorgung des Klosters. See und Umland sind heute europäisches Vogelschutzgebiet. Baden ist verboten.

Panoramatour 7

Moosmühle, links den Hügel hinauf, direkt auf die Terrasse des Landgasthofes **Zum Eibenwald** ❼. 9,5 Kilometer und damit deutlich mehr als die Hälfte unserer Panoramatour haben wir erwandert. Nun wechselt die Natur ihr Gesicht. Nach weiten Wiesen und wasserreichen Ausblicken wird es jetzt waldig kühl.

Am Gasthausparkplatz weist uns ein Schild auf den **Paterzeller Eibenwald** ❽ hin. Ein Feldweg lässt uns 500 Meter leicht bergab gehen, ehe wir mit dem Beginn der Bäume einen kleinen Abstecher nach links in den Wald finden. Hier stehen so viele alte Eiben wie nirgendwo sonst in Deutschland. Fast

Eibenwald

Durch den Paterzeller Eibenwald

verwunschen mutet es an, sich durch eines der ältesten Naturschutzgebiete Deutschlands zu bewegen. Der ausgeschilderte Rundweg ist 1,5 Kilometer lang und von Wasserläufen durchzogen. An einer drehwüchsigen Eibe vorbei treffen wir den geheimnisvollen Zauberer. Als heiligen Baum verehrten die Kelten ihn und die Germanen sahen in ihm das Sinnbild der

Für die Seele

Mystisch muten sie an, die geheimnisvollen Bäume im Paterzeller Eibenwald, die eine ganz besondere Energie verströmen.

Ewigkeit. Wir halten uns rechts, vorbei an einer niedergedrückten Eibe, und trennen uns an einem hohlen Eibenriesen links hinauf vom Waldrundweg. Die schönsten und sehr besonderen Momente lassen wir nun tief beeindruckt hinter uns.

Vorbei an einem kleinen Parkplatz treffen wir auf die **Peißenberger Straße,** der wir 300 Meter nach links folgen. Am Quellenweg angelangt, nutzen wir einen schmalen Waldpfad bergauf. Wir genießen den knap-

Die Eibe ist hart, elastisch, extrem langsam im Wachstum und an fast allen Teilen giftig. Deshalb steht das immergrüne Strauchgewächs auf der roten Liste. Sie ist teilweise zweihäusig. Das bedeutet, es kann männliche Eiben mit gelben Blüten von März bis Mai und weibliche Eiben mit roten Früchten von August bis Oktober geben.

Durch den Paterzeller Eibenwald

pen Kilometer, der uns auf weichem Waldboden aufwärts in nördlicher Richtung an alten Baumriesen und grünen Wassergumpen vorbeiführt. Der Hang zählt noch zum Naturschutzgebiet Eibenwald. Wir bleiben auf dem Hauptweg, der mal durch kleine Hohlwege und wieder hinauf auf sich vorwölbende, bewaldete Bergrücken führt.

Linker Hand ist der Weg am kleinen Weiler Hanslehen über die Pferdekoppel durch das Gestüt ausgeschildert. Dies ignorieren wir, folgen unserem Weg und treffen nach 100 Metern auf eine kaum befahrene Teerstraße. Keine 300 Meter weiter geht es rechts wieder zurück auf weiche Waldwege. Die Sonne strahlt zwischen den Bäumen hindurch und wir genießen das Wechselspiel aus Licht und Schatten. An der folgenden Kreuzung biegen wir nach links ab in einen Weg, der uns ohne nennenswerte Höhenunterschiede durch das **Schlittbachtal** zurück nach Wessobrunn leitet.

Die Eibe gibt es seit 600.000 Jahren in Europa. Sie ist damit die älteste heimische Baumart. Der Paterzeller Eibenwald ist seit 1913 staatliches Naturdenkmal. Manche Eiben hier sind 1000 Jahre alt. Früher galt die Eibe als heiliger Baum, der Hexen und Dämonen abwehrte.

Gasthof Zur Post

Panoramatour 7

Auf Höhe des Sportplatzes verlassen wir die frische Luft des Waldes. Wir haben den Kopf frei bekommen und faszinierende Augenblicke im mystischen Eibenwald auf uns wirken lassen. Noch ganz beseelt vom Erlebten stört es uns nicht, dass die letzten Schritte unserer Wanderung durch den Ortskern von Wessobrunn führen. Rechter Hand am Sportgelände vorbei treffen wir auf die Zimmermannstraße, die nach 200 Metern in die Zöpfstraße mündet. Dieser folgen wir, bis sich die mächtige Linde mit dem Wessobrunner Gebet direkt neben dem **Gasthof zur Post** ❾ unübersehbar in unser Blickfeld schiebt.

Wie geschaffen für eine bayerische Brotzeit ist die sonnige Terrasse des Gasthofes, bevor unsere Wanderung endet.

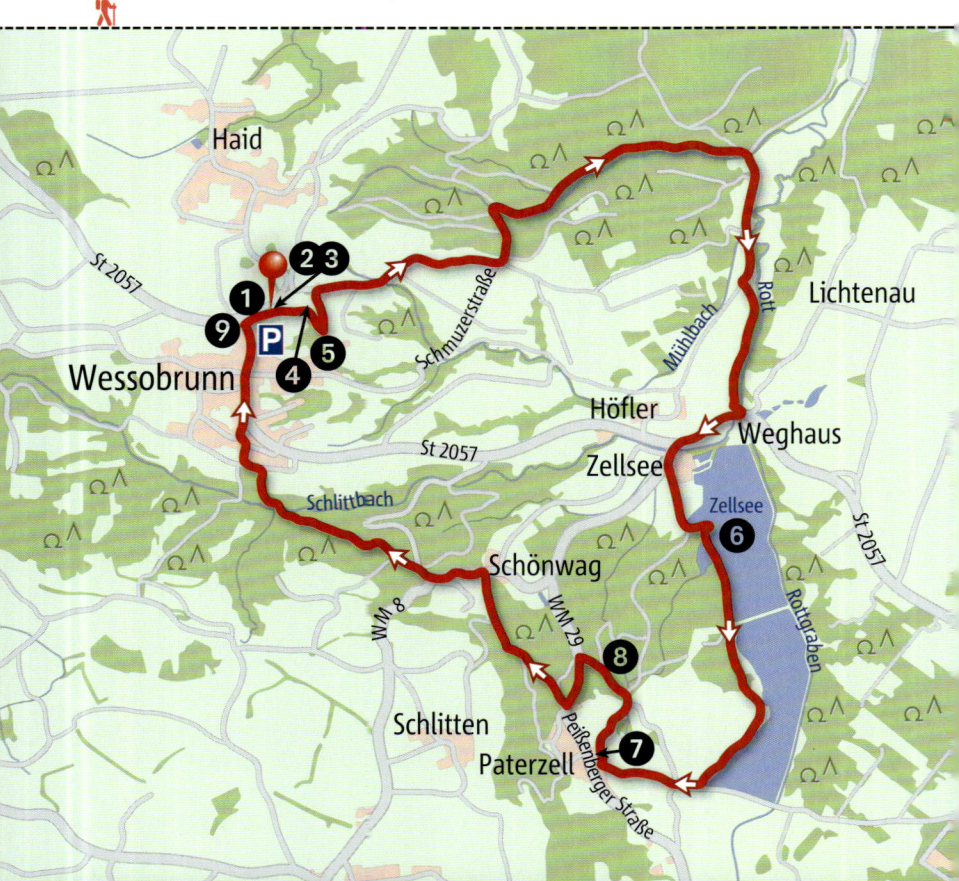

Alles auf einen Blick

WIE & WANN:
Leichte Tour über schmale Wald- und Wiesenpfade sowie Feldwege.
Hier kann man das ganze Jahr gut wandern.

HIN & WEG:
Auto: Parkplatz am Gasthof zur Post, Zöpfstraße 2, 82405 Wessobrunn,
oder im Klosterhof Wessobrunn, 82405 Wessobrunn (GPS: 47.8769560, 11.0238200)

Entspannung ✶✶✶✶✶
Genuss ✶✶✶✶✶
Romantik ✶✶✶✶✶

ÖPNV: Mit der Regionalbahn bis Bf. Weilheim, dann mit Bus 9652 bis Kloster Wessobrunn

ESSEN & ENTSPANNEN:
Gasthof zur Post ❾ Zöpfstraße 2, 82405 Wessobrunn,
Tel. (0 88 09) 2 08, www.post-wessobrunn.de
Landgasthof Zum Eibenwald ❼ Peißenberger Straße 11, 82405 Paterzell,
Tel. (0 88 09) 9 20 40, www.landgasthof-eibenwald.de

ENTDECKEN & ERLEBEN:
Wessobrunner Gebet ❶
Benediktinerinnenkloster ❷ Klosterhof 4, 82405 Wessobrunn
Turm „Grauer Herzog" ❸
Mariengrotte ❹
Naturdenkmal Tassilolinde ❺
Zellsee ❻
Paterzeller Eibenwald ❽

Brauneck

- ✸ 12 Kilometer
- ✸ 270 Höhenmeter
- ✸ 3 Stunden
- ✸ Rundweg

Panoramatour 8

Die unspektakulären, aber heftigen Höhenmeter von der Talstation über die Skipiste hinauf zum **Brauneck** lassen wir uns gemütlich von der Seilbahn chauffieren. Gut 2 Stunden müssten wir für diese 800 Höhenmeter einplanen, doch ein Seelenweg wäre es dann sicher nicht.

Kraftplatz in Blau
Panoramarunde auf dem Brauneck

Nach nicht einmal 10 Minuten Gondelfahrt erreichen wir die **Brauneck Bergstation** ❶. Schon der erste Blick sorgt für Genuss. In unterschiedlichen Blautönen liegt sie vor uns, die Alpenwelt des Karwendels. Für uns geht es direkt an der Bergstation rechts, einen schmalen Pfad bergauf zum **Gipfelhaus** ❷ und nochmals 200 Meter weiter zum Gipfel des Braunecks. Das **Gipfelkreuz** ❸ ist weithin sichtbar. Eingerahmt von einer kleinen Steinmauer, lädt es zum Verweilen ein. Hier genießen wir den Blick über Lenggries und das Isartal hinweg in die Tegernseer Berge. Ross- und Buchstein lassen sich gut erkennen, davor das prägnante Seekreuz. Nach Süden hin liegt das Karwendel, aus dem der mächtige Guffert heraussticht. Über unseren Köpfen sind überall bunte Farbkleckse am blauen Himmel zu sehen. Verwunderlich ist das nicht, befindet sich doch der Startplatz für Paraglider und Drachenflieger nur ein paar Meter entfernt. Wir folgen dem breiten Rücken des Braunecks zur Antenne und anschließend bergab, den Schildern „Latschenkopf & Großer Höhenweg" folgend. Es nimmt einige Zeit

Als Ausläufer der Benediktenwand ist das Brauneck mit einer Gipfelhöhe von 1555 Metern ein beliebter Freizeitberg. Er ist voll erschlossen durch die Brauneck-Bergbahn. Im Winter kann man Ski fahren, im Sommer wandern oder Paragliding machen.

Panoramatour 8

in Anspruch, um die wenigen 100 Meter zu gehen. Regelmäßig verzaubert der Ausblick mit neuen Formationen, die uns zum Anhalten und Staunen bringen. Bei guter Sicht schweift unser Blick über Bad Tölz im Isartal, den Starnberger See bis nach München. Auch in Sachen Seenliebe ist das Bayerische Voralpenland reich bestückt. Wie kleine und große Perlen inmitten grüner Natur liegen uns Staffelsee, Ammersee und der Starnberger See zu Füßen.

Wir erreichen eine Senke mit Bänken, halten uns rechts, immer Richtung Latschenkopf. Wer nur den kleinen Höhenweg gehen mag, der kann hier abzweigen und zum Brauneck Panoramaweg absteigen. Für alle anderen beginnt hier der anspruchsvollere Teil dieser Wanderung. Der Steig wird schmaler und teilweise steiler, was uns nicht stört, begeistern

Blick über den Starnberger See bis München

❁ Für die Seele

Oben auf dem Bergkamm stehen und die Weite der blau schillernden Bergwelt betrachten – Glücksmomente, gepaart mit einem Gefühl von Freiheit.

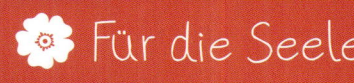

Panoramatour 8

Kneippbecken

Panoramarunde auf dem Brauneck

uns doch wunderschöne Alpendisteln und blauer Eisenhut an den Hängen. Berg und Wurzeln haben natürliche Treppen geformt, die den Aufstieg einfacher und besonders schön gestalten.

Wir folgen dem Steig, der uns den Latschenkopfgipfel bereits erblicken lässt. Unübersehbar biegt ein moderat ansteigender Pfad rechts hinauf zum **Vorderen Kirchstein** ❹. Der kurze Abstecher belohnt mit einem Ausblick über Kloster Benediktbeuern bis zum Staffelsee und etwas weiter rechts über den Starnberger und Ammersee. Als weißer Punkt ist auch die Erdfunkanlage von Raisting zu erkennen. Vorsicht ist hier geboten, da es an der Nordwand steil in die Tiefe geht. Beschwingt laufen wir zurück

Kapelle

Stiealm

Brotzeit mit verschiedenen Käsesorten aus unserer Almkäserei und Speck dazu Brot

Hausgemachte Kaspreßknödel mit Bergkas auf gem Salat mit Joghurt-Kräuter Dressing

Panoramarunde auf dem Brauneck

auf den Hauptweg, der uns nach wenigen 100 Metern das 1712 Meter hohe **Latschenkopf Gipfelkreuz** ❺, den höchsten Punkt unserer Tour, erreichen lässt. Fasziniert können wir von hier den Blick weit in die Berge genießen. Vom Wendelstein bis hinüber zur Zugspitze türmt sich ein Gipfel neben dem anderen vor uns auf.

Wir steigen einen felsigen Pfad, umwachsen von duftenden Latschen, hinab. Ein Felsentor, weiße aufgewärmte Steine und der wunderbare Ausblick sorgen in Kombination für ein entspanntes Abenteuer inmitten der Natur. Wir bekommen den Kopf frei, tanken neue Energie und fühlen uns rundum wohl.

Am Feichtecksattel fällt unser Blick geradeaus auf die **Benediktenwand** ❻. Scharf links schlängelt sich der Weg hinab zur Stiealm. Die schroffe Wand des Latschenkopfes, mit ihren teils bizarren Felsformationen zu unserer Linken, strahlt die Wärme des Gesteins auf uns herab. Würzig duften die Latschen und ein leises Bimmeln der Glocken signalisiert uns tierische Begleitung. Der Steig wird flacher, ehe er auf einer Wiese oberhalb der Stiealm endet. Im Winter erfreut dieses Stück ganz besonders die Skifahrer. Wir spazieren hinab und machen einen kurzen Halt an der einzigen Kneippanlage des Braunecks, direkt vor der sonnigen Stiealm-Terrasse. Die Füße sind nun abgekühlt und die köstliche hauseigene Buttermilch zusammen mit bayerischen Hüttenschmankerln versorgt unseren Magen.

Links oberhalb der sonnigen Terrasse der **Stiealm** ❼ treten wir über eine leicht feuchte Wiese unseren Rückweg zur Bergstation an. Gemütlich schmiegt sich der Pfad an den Hang. Jeder Schritt ist zu genießen, denn der Blick nach rechts in die Bayerischen Alpen bedeutet puren Genuss. Auf kleine Bächlein, die den Weg kreuzen und die Wiese stellenweise in Schlammlöcher verwandeln, ist zu achten.

Die Käserei auf der Stiealm kann besichtigt werden. Man erhält spannende Einblicke in das Leben auf der Alm und die Herstellung der typischen Milchprodukte. Wer mag, kann in der Almkäserei hergestellte Produkte auch mit nach Hause nehmen.

Panoramatour 8

Mehrere Almen, die größtenteils ganzjährig geöffnet haben, befinden sich auf dem Brauneck. Direkt an der Seilbahnstation liegt das neue Panoramarestaurant mit großer Terrasse.

Für ein Stück Kuchen klettern wir gerne noch mal das kurze Stück zum Gipfelhaus, bevor es mit der Gondel wieder zurück nach Lenggries ins Tal geht. Mit dem Rücken an die warmen braunen Wandschindeln gelehnt, lassen wir die Erinnerungen des Tages Revue passieren und denken zurück an den beeindruckenden Ausblick auf Isartal und Karwendel. In den letzten 3 Stunden lag uns Oberbayern zu Füßen und ließ alles andere vergessen.

Tradition und Bräuche sind im Isarwinkel tief verwurzelt und werden das ganze Jahr gepflegt. Ob Maibaumaufstellen, Trachtenvereine oder das Löffelschlagen. Zwei Löffel, egal ob Holz oder Metall, eignen sich wunderbar dafür und fungieren als Begleitinstrument.

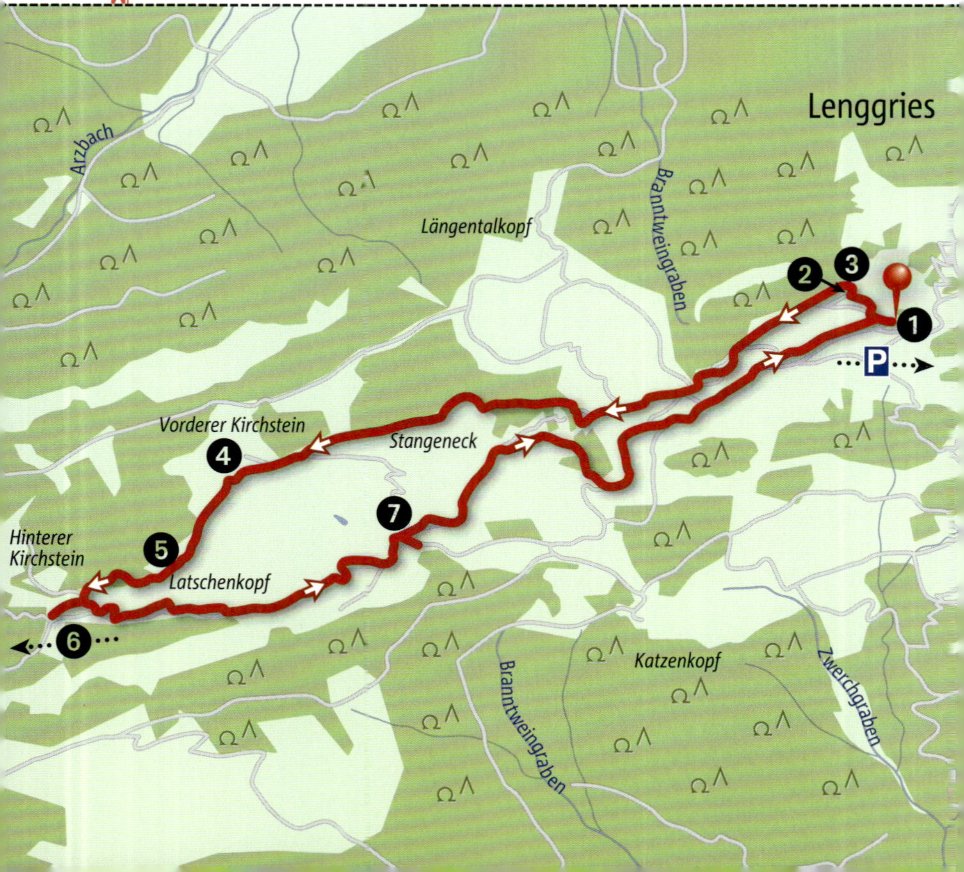

Alles auf einen Blick

WIE & WANN:
Insgesamt aussichtsreiche Tour über Steige mit Felspassagen, mäßig steile Pfade und Almwege. Trittsicherheit ist nötig. Beste Wanderzeit ist von Frühling bis Herbst.

HIN & WEG:
Auto: Großer Parkplatz Brauneckbahn, Gilgenhöfe, 83661 Lenggries (GPS: 47.6622837, 11.5675096)

Entspannung ✶✶✶✶✶
Genuss ✶✶✶✶✶
Romantik ✶✶✶✶✶

ÖPNV: Mit der BOB von München bis Bf. Lenggries

ESSEN & ENTSPANNEN:
Es empfiehlt sich eine Jause im Rucksack. Einige schöne Rastplätze finden sich auf der Strecke.
Brauneck Gipfelhaus ❷ Brauneckstraße 1, 83661 Lenggries-Brauneck
Tel. (0 80 42) 87 86, www.brauneckgipfelhaus.de
Stiealm ❼ Latschenkopf 5, 83658 Lenggries-Brauneck,
Tel. (0 80 42) 23 36, https://stie-alm.de

ENTDECKEN & ERLEBEN:
Brauneck Bahn Bergstation ❶ Gilgenhöfe, 83661 Lenggries
Gipfelkreuz ❸
Vorderer Kirchstein ❹
Latschenkopf Gipfelkreuz ❺
Benediktenwand ❻

Wollgras im Kirchseemoor

- 13,5 Kilometer
- 70 Höhenmeter
- 3 Stunden
- Rundweg

Verwöhntour 9

Wir genießen den Einstieg in die Runde am **Kloster Reutberg** ❶, welches sich rechts von uns befindet. Das Baudenkmal mit seiner idyllischen Lage über dem Kirchsee gehört zur Erzdiözese München-Freising. Eine Besichtigung ist trotz anstehender Renovierungsarbeiten sehr empfehlenswert. Der **Beschilderung „Rundweg"** folgend geht es direkt nach links, vorbei an einer kleinen Wasserfläche, dem Mühlweiher. Hin und wieder eröffnet ein Schulterblick eine herrliche Aussicht auf das Franziskanerinnenkloster. Nach 400 Metern treffen wir bereits auf den **Neuweiher** ❷, einen kleinen Fischweiher, hinter dem wir links abbiegen. Von seinem Südufer aus sind es nur ein paar Wanderminuten, bis wir die asphaltierte Straße zu einem

Umgeben von Wiesen, Feldern und Wäldern thront in idyllischer Lage das Kloster Reutberg, 1618 als Kapuzinerinnenkloster gegründet und ab 1651 von den Franziskanerinnen weitergeführt, auf einer Anhöhe außerhalb von Sachsenkam.

Gipfelblick
Durchs Moor zum Kloster Reutberg

Wanderparkplatz queren. Noch ist unsere sonnige Route durch weite Wiesen und Moorsequenzen mit dem Holzschild „Rundweg" gekennzeichnet und zweigt anschließend an der 800 Meter entfernten Kreuzung nach links ab. Hier verlassen wir den Rundweg, uns zieht es frohen Mutes nach rechts. Gesäumt von schillerndem Mischwald aus Buchen, Ahorn und kleinen Fichten, spüren und genießen wir die Ruhe in der Natur. Das Treffen mit Fuchs, Reh oder Eichhörnchen ist hier keine Seltenheit.

Koglweiher im Moor

Durchs Moor zum Kloster Reutberg

Die Waldbewohner sind meist auch die einzigen, denen man auf dieser Strecke begegnet.

Rechter Hand befindet sich prominent ein Hochsitz. Im 90-Grad-Winkel verlassen wir nun den Hauptweg, auf dem wir bis hierher unsere Tour gewandert sind. In den Baumwipfeln rauscht sanft der Wind, das Grün der Bäume hat eine wunderbar entspannende Wirkung auf Körper, Geist und Seele und der Alltag hat für alles Störende Waldverbot. Gemächlich schlendern wir die nächsten 3 Kilometer auf dem Hauptweg weiter, alle kleinen Abzweigungen ignorierend. Vogelgezwitscher, sanftes Rascheln in Bäumen und Sträuchern, ansonsten absolute Ruhe. Kann eine Verwöhntour entspannender sein?

Für die Seele

Im schattigen Biergarten genießen wir bayerische Schmankerl bei fantastischer Aussicht auf die Berge des Isarwinkels und des Karwendelgebirges.

Eine Kreuzung mit einer natürlichen Verkehrsinsel, bestehend aus drei Bäumen und umgeben von Wiese, lässt uns scharf nach rechts abbiegen. Erst an der folgenden Weggabelung gibt es eine Beschilderung, die uns nach links auf den **K13** leitet, der uns **Richtung Kloster Reutberg** bringt.

Voll entspannter Ruhe lässt sich der kommende Kilometer ab dem Örtchen **Kirchseemoor** auf einer kleinen, kaum befahrenen Straße meistern. Das Kloster ist nach rechts ausgeschildert, doch wir halten uns links. Eine einzeln stehende, wunderschöne Linde markiert unseren Weg, auf dem wir das **Ellbach- und Kirchseemoor** auf westlicher Seite umrunden. Eine Mischung aus Schatten spendenden Bäumen, sonnigen

Der Kirchsee ist Teil des Naturschutzgebiets Ellbach- und Kirchseemoor. Dieses ist fast 800 Hektar groß und Heimat für verschiedene Tagfalterarten wie den Mädesüß-Perlmutterfalter, den Wachtelweizen-Scheckenfalter sowie die bläuliche Königslibelle.

Verwöhntour 9

Wiesen und moorigen Aspekten lässt uns immer weiter geradeaus gehen. Wir treffen auf einen kleinen, geteerten Weg und folgen ihm nach rechts zwischen **Koglweiher** ❸ und einem kleinen Ableger hindurch. Der See verzaubert mit unzähligen Vogelstimmen, deren Konzert wir hier hören. Ruhe bitte! Lauschen ist angesagt. Das lässt sich wunderbar bei einem kühler Bad im sommerlichen See erleben.

Beflügelt von der Weite, die sich rechter Hand über das Ellbach- und Kirchseemoor ausbreitet, folgen wir dem sonnigen Weg, bis dieser uns am Abzweig zum Kloster Reutberg nach rechts verweist. An dieser Stelle bietet uns die Landschaft alles, was das Herz begehrt – einen weiten Blick über die Moorlandschaft bis zu den schneebedeckten Spitzen des Karwendelgebirges. Je nach Wetterlage wirken die Berge ganz nah, dann ist Föhn angesagt.

Vorbei am **Wampenmoos** nähern wir uns auf einem gemütlichen Wanderweg dem Nordufer des **Kirchsees** ❹. Er ist ein Relikt der Würmeiszeit und lädt mit seinem sauberen, doch sehr dunklen, weil moorigen Wasser zum Baden ein. Bis dahin führt uns unser Weg durch eine abwechslungsreiche Landschaft mit sumpfiger Vegetation und viel Wald. Wenn man bedenkt, wie alt dieses Moor ist, wie lange seine Entstehung gedauert hat, dann erschreckt man schon, in welch kurzer Zeit der Mensch diese Idylle zerstören kann.

Kleine Buchten und Wiesen laden zum Verweilen und Genießen ein. Ein kleiner Kiosk markiert den Weg zu den ausgewiesenen Badestellen. Aufgrund der schützenswerten und trittempfindlichen Ufer- und Moorvegetation darf das Ufer außerhalb der markierten Badestellen nicht betreten werden.

In den Abendstunden lassen sich hier wunderschöne Sonnenuntergänge erleben. Es bietet sich an, auf einem der Holzstege zu sitzen und den Tag entspannt und ruhig ausklingen zu lassen. Ein ganz besonderes Erlebnis ist das in der Zeit von April bis Ju-

Der Kirchsee ist ein etwa 42 Hektar großer natürlicher Moorsee, der in der Würmeiszeit entstand. Die lang gestreckte Mulde des Kirchsees war bis vor 20.000 Jahren von einer kurzen Gletscherzunge des Isar-Loisach-Gletschers ausgefüllt.

Die 1 bis 2 Meter hohe leuchtend gelbe Schwertlilie ist eine Besonderheit. Ihre Wurzeln wurden in früheren Zeiten getrocknet und nach dem Mahlen dem Schnupftabak beigemischt. Auch zum Gerben von Leder wurde sie verwendet oder als Amulett getragen, um den Träger vor Verletzungen und Verhexen zu schützen.

Abendstimmung am Kirchsee

Verwöhntour 9

ni, wenn dazu das melodische Quaken der hier heimischen männlichen Seefrösche erklingt.

Es geht weiter, passend, dass sich unser Weg in eine asphaltierte Straße wandelt und wir die letzten 2 Kilometer zurück bis zum Kloster Reutberg und zum Biergarten problemlos auch in der Dämmerung gehen können. Ein Besuch des **Klosterbräustüberls** ❺ bietet sich mit Klosterbier und deftiger Kost am Schluss dieser naturgeprägten Verwöhnrunde an. Genuss pur für Körper, Geist und Seele.

In den Sommermonaten empfiehlt es sich, diese Tour in die Morgen- oder Abendstunden zu legen. Ein Geheimtipp ist der Kirchsee leider nicht mehr, was ihn tagsüber zu einem beliebten Ziel für einen Badeausflug werden lässt.

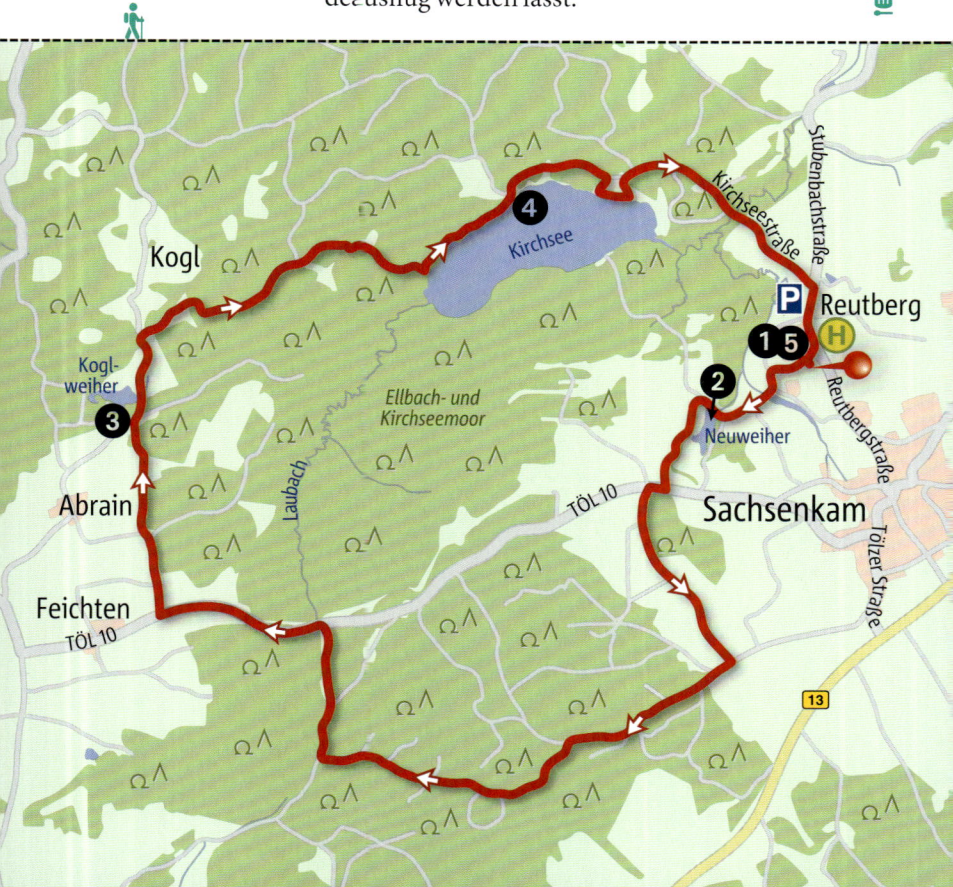

Alles auf einen Blick

WIE & WANN:
Breite und schmale Wiesen- sowie Waldwege, asphaltierte Streckenabschnitte. Der Weg ist etwas länger, dafür aber höhentechnisch nicht so anspruchsvoll. Schönste Wanderzeit ist im Frühling und Herbst, besonders in den frühen Morgenstunden oder abends. Badewetter unbedingt meiden.

HIN & WEG:
Auto: Über die B13 in Richtung Bad Tölz nach Sachsenkam, Parkplatz am Kloster, 83679 Sachsenkam (GPS: 47.816124, 11.637639)
ÖPNV: Mit der BOB bis Bf. Bad Tölz, dann mit Bus 9553 Richtung Sachsenkam bis Kloster Reutberg

ESSEN & ENTSPANNEN:
Es empfiehlt sich eine Jause im Rucksack. Mit einer Picknickdecke kann man am See eine schöne Rast einlegen.

Entspannung ✸✸✸✸✸
Genuss ✸✸✸✸✸
Romantik ✸✸✸✸✸

Klosterbräustüberl Reutberg ❺ Am Reutberg 2, 83679 Sachsenkam,
Tel. (0 80 21) 86 86, www.klosterbraeustueberl.de

ENTDECKEN & ERLEBEN:
Kloster Reutberg ❶ Am Reutberg, 83679 Sachsenkam
Neuweiher ❷
Koglweiher ❸
Kirchsee ❹

- 10 Kilometer
- 30 Höhenmeter
- 2,5 Stunden
- Rundweg

Moorpfad

Verwöhntour 10

Zwischen historischen Kirchenmauern findet sich ein Stück des historischen Jakobswegs, ein Pilgerweg, der bis ins spanische Compostela führt – alles inmitten eines lehrreichen Moorbiotops. Der himmlische Ausblick auf die Gipfel der umliegenden Bergwelt darf nicht fehlen und hat sicher schon viele Jakobspilger beflügelt.

Wir starten unsere Rundwanderung direkt hinter den historischen Klostermauern, vorbei an der **Jugendherberge** mit ihren 173 Betten, die zur Übernachtung für Gruppen und Familien ideal geeignet sind, über eine unbefahrene Sandstraße hinaus in die Filzen. Auch wenn der schnurgerade Weg zu beiden Seiten mit Schatten spendenden Bäumen bepflanzt ist, einen ers-

Das Kloster Benediktbeuern, eine ehemalige Benediktinerabtei, heute eine Niederlassung der Salesianer Don Boscos, wurde bereits 740 gegründet. Es gilt als eines der ältesten Klöster Bayerns. Mit seinem stattlichen Gebäudekomplex und den beiden von Caspar Feichtmayr erbauten Zwiebeltürmen gleicht das Kloster fast einem Schloss.

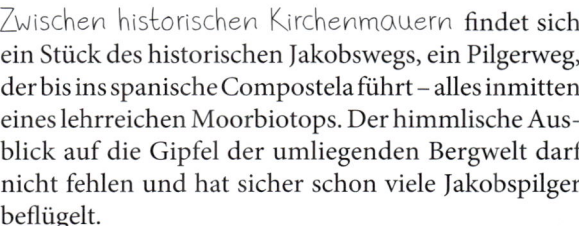

Barfußerlebnis
Runde beim Kloster Benediktbeuern

ten Eindruck von Weite und Landschaft können wir schon erhaschen.

Von unserem Weg, ausgeschildert als **„Moorrundweg 1"**, biegen wir nach 300 Metern rechts auf den moorigen **Barfußpfad ❶** ab. Jetzt heißt es, Schuhe und Strümpfe ausziehen und die Natur unter den Fußsohlen spüren. Wie eine große Acht führt der Weg über Holzbohlen, Waldboden, Steine und Matsch um zwei kleine Moorseen herum. Den hölzernen Aussichtsturm sollten wir auf jeden Fall besteigen, denn er eröffnet uns einen wunderschönen Blick auf das Kloster und die dahinterliegende Benediktenwand mit ihren 1801 Metern. Wieder zurück auf unserem Moorrundweg 1 wartet links ein weiterer Abstecher. Diesmal ist

Verwöhntour 10

nicht der Tastsinn gefragt, sondern unsere Sinne von Augen, Ohren und Nase. Auf dem **Schmetterlingspfad ❷**, rund um einen kleinen See, gedeihen und duften unterschiedliche Sumpfblumen. Die summenden Insekten, Hochmoorbläulinge und Libellen mit ihrer Farbenpracht laden zum Verweilen ein und lassen uns angesichts ihrer Vielfalt staunen.

Zurück auf unserem **Hauptweg** haben die hohen Bäume an der Allee bald darauf ein Ende und geben den Blick frei auf weite Wiesen und das Moor. Moore schützen bedrohte Tier- und Pflanzenarten und sind gleichzeitig ein wichtiger Speicher für Wasser und Kohlendioxid. Wir passieren einen kleinen Wanderparkplatz und folgen der **Beschilderung „Moorrundweg/Moosmühle"** geradeaus. Ein Bretterzaun an der **Vogelbeobachtungsstation Moosmühle ❸** ermöglicht, mit etwas Geduld und Glück, einen Blick auf verschiedene Reiher, Störche, Gimpel, Wacholderdrosseln und Kleinspechte. Ein echt lohnendes Ziel für alle, die Vögel gerne in ihren Lebensräumen beobachten. Wir biegen

Vogelbeobachtungsstation

 ## Für die Seele

Barfuß in moorigem Gelände unterwegs – so spüren wir die Natur auf andere Art und Weise und fühlen uns geerdet.

nach rechts ab, folgen kurz dem Bächlein, um nach wenigen Metern an der T-Kreuzung links in Richtung Loisach zu wandern.

Die nächste Naturattraktion erwartet uns. An der Stelle, wo das Hochmoor ins Niedermoor übergeht, befindet sich rechter Hand ein originell angelegter **Moorpfad** ❹. Mal geht es auf schmalen Stegen oder runden Holzstämmen durch die üppige Vegetation. Mal vermittelt der federnde Moorboden durch seine weiche Art ein Gefühl der Fast-Schwerelosigkeit. Für die nötige Bodenhaftung sorgt der stetige Wechsel der Materialien auf unserem Weg. Trockenen Fußes spazieren wir durch sumpfiges Gelände, unter Zwergbirken hindurch, vorbei an dunklen Moorlöchern. Ob

Bayern ist reich an Mooren. Für die bayerische Natur sind sie ebenso charakteristisch wie unverzichtbar. Das Gleiche gilt für uns, denn Moore bieten uns Klima-, Hochwasser- und Artenschutz.

Verwöhntour 10

das letzte kurze Stück zu unserem Moorrundweg über Bohlen oder mittels handbetriebenem Holzfloß über einen kleinen Moorsee führen soll – das entscheidet jeder für sich. Es ist schon ein Erlebnis, wenn es mit reiner Muskelkraft über den fast komplett von Sumpfpflanzen überwucherten See geht.

Kurz nach unserem interessanten Ausflug über die Moorpfade gabelt sich der Weg. Wir halten uns links und folgen der **Loisach** flussaufwärts nach Süden. Zu unserer Rechten lässt uns das ruhig fließende und leise murmelnde Wasser Energie tanken. Wenden wir den Blick, dann genießen wir die eindrucksvollen Gipfel von Benediktenwand, Jochberg, Herzogstand und Heimgarten. Gemeinsam bilden sie einen dem Estergebirge vorgelagerten Gebirgszug. Schroff fallen die Felswände nach Norden in das Bayerische Voralpenland ab. Zu ihren Füßen liegt der – je nach Lichteinstrahlung – kristallklare Kochelsee. Gemütlich

Loisach

folgen wir dem Wiesenpfad dicht an der Loisach entlang. Unsere regelmäßigen Begleiter sind angeknabberte oder gefällte Bäume – das Werk der Biber, die hier seit einigen Jahren wieder heimisch sind. Sie sind allerdings nachtaktive Tiere und lassen sich tagsüber nur höchst selten sehen. Vor einigen Jahren war der Biber noch in seiner Art bedroht, jetzt werden die Dämme des intelligenten Nagers immer öfter zu Abflussbarrieren für Regenwasser. Geflutete Wiesen, Wanderwege und unterspülte Bahndämme sind die Folge. Es wird nach Lösungen gesucht, um den Bedürfnissen von Mensch und Tier gerecht zu werden.

Runde beim Kloster Benediktbeuern

In Höhe von **Ried** treffen wir auf die Mündung des Lainbachs. 400 Meter weiter biegen wir links ab und sehen bereits das Kloster in einiger Entfernung vor uns liegen. Das letzte Stück des Weges folgen wir dem Bahndamm. Kurz nachdem die Klostermauer den Garten nach links abgrenzt, befindet sich rechter Hand die historische **Fraunhofer-Glashütte** ❺, in der Josef Fraunhofer zu Beginn des 19. Jahrhunderts arbeitete und Linsen sowie optische Geräte entwickelte. Das Museum ist frei zugänglich und einen Abstecher wert. An der ehemaligen Arbeitsstätte des Fabrikanten Joseph von Utzschneider, der 1805 die Gebäude des ehemaligen Klosters erwarb, befinden sich heute in einer Ausstellung neben Schautafeln zur Glasverarbeitung zwei große Schmelzöfen für die Herstellung von Glas.

Kloster Benediktbeuern

Verwöhntour 10

Heute beherbergt Benediktbeuern eine moderne Bildungsstätte, im Maierhof des Klosters ist ein Zentrum für Umwelt und Natur beheimatet. Regelmäßig finden interessante Seminare, Exkursionen sowie andere Veranstaltungen statt.

Für uns geht es in den Innenhof des **Klosters Benediktbeuern** ❻. Sehr zu empfehlen ist auch ein Besuch des Kräutergartens am **Meierhof und im Meditationsgarten** ❼. Bänke inmitten historischer Blütenpracht unter Schatten spendenden Bäumen lassen uns entspannt den Klosterblick erleben. Der Kräutergarten zeigt neben den Lebensbedingungen auch die Entwicklungsgeschichte einzelner Pflanzen. Ob Minze, Mauerpfeffer, Thymian oder Zimbelkraut, eindrucksvolle Kräutererlebnisse lassen sich an der Kräuterspirale auf kleinstem Raum und in unterschiedlichsten Verhältnissen erfahren. Über das ZUK – Zentrum für Umwelt und Kultur kann man von Januar bis Dezember Führungen buchen. Am Ende dieser Wanderung bietet sich eine Einkehr im **Klosterbräustüberl Benediktbeuern** ❽ an.

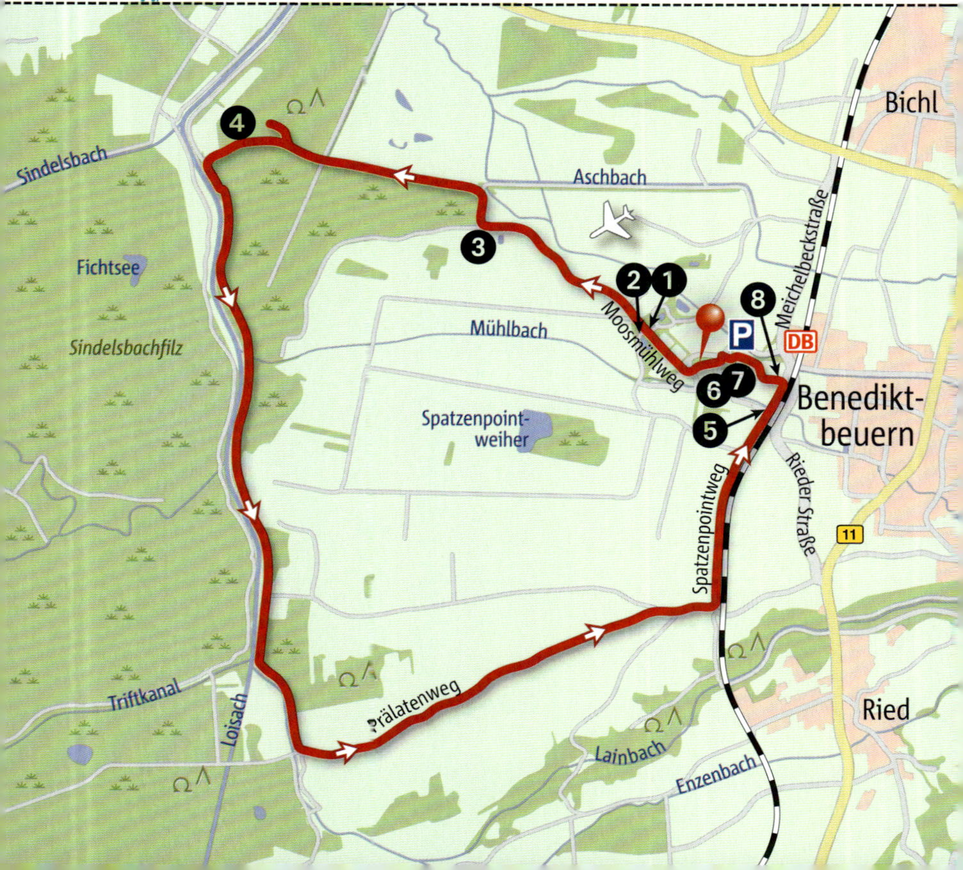

Alles auf einen Blick

WIE & WANN:
Leichte Rundwanderung ohne Steigung auf überwiegend sandigen, aber festen Wegen, über schmale Feuchtwiesenpfade und hölzerne Bohlenwege im Moor. Beste Ausflugszeit ist im Frühjahr und Spätsommer. Brutzeiten beachten.

HIN & WEG:
Auto: Parkplatz direkt am Kloster, Don-Bosco-Straße 8, 83671 Benediktbeuern (GPS: 47.7086930, 11.3991210)
ÖPNV: Mit der Regionalbahn bis Bf. Benediktbeuern gegenüber dem Kloster

ESSEN & ENTSPANNEN:
Es empfiehlt sich eine Jause im Rucksack. Einige schöne Rastplätze finden sich auf der Strecke.
Klosterbräustüberl Benediktbeuern ❽ Zeilerweg 2, 83671 Benediktbeuern, Tel. (0 88 57) 94 07, www.klosterwirt.de

Entspannung ✹✹✹✹✹
Genuss ✹✹✹✹✹
Romantik ✹✹✹✹✹

ENTDECKEN & ERLEBEN:
Barfußpfad ❶
Schmetterlingspfad ❷
Vogelbeobachtungsstation Moosmühle ❸
Moorpfad ❹
Fraunhofer-Glashütte ❺ Fraunhoferstraße 2, 83671 Benediktbeuern
Kloster Benediktbeuern ❻ Don-Bosco-Straße 1, 83671 Benediktbeuern
Kräutergarten am Meierhof und Meditationsgarten ❼

Ammerdurchbruch

- 12 Kilometer
- 350 Höhenmeter
- 4 Stunden
- Rundweg

Verwöhntour 11

Das Naturdenkmal Ammerschlucht ist ein Ort, der wie geschaffen ist für „Seelenschmeichlermomente". Unsere Wanderung startet direkt am Parkplatz mit einem kleinen Abstecher. Ein schmaler Pfad geht – deutlich durch eine große Tafel gekennzeichnet – in den Wald hinein und führt uns, direkt am Wasser entlang, zum **Ammerdurchbruch Scheibum ❶**. Nach 10 gemütlichen Wanderminuten erreichen wir den Aussichtsplatz beim Felsdurchbruch in der Ammerschlucht. Einfach genießen und die Naturgewalten beobachten. Fühlen, wie sich weiches Wasser seinen Weg durch harte Felswände gegraben hat. Ganz nach dem Motto: Steter Tropfen höhlt den Stein.

Auf demselben Pfad geht es zurück zum Aus-

Romantische Pfade
Durch die Ammerschlucht

gangspunkt. Jetzt beginnt unsere eigentliche Wanderung durch die wildromantische **Ammerschlucht.** Das **Kraftwerk Kammerl ❷** lassen wir rechts liegen, folgen dem Weg hinauf und gehen rechts über den Metallsteg des Kraftwerks. Schilder sind meist Fehlanzeige, doch rosafarbene Punkte an den Bäumen unterstützen die Suche nach dem richtigen Weg. Auf schmalen Waldpfaden geht es mehrmals auf und ab. Die Ammerschlucht ist ein etwa 100 Meter tief ausgewaschenes Flussbett mit steilen, bewaldeten Hängen. Ab und an wurden hier schroffe Felswände ausgewaschen. So wechseln sich Wurzelwege mit hölzernen Stufen auf weichem Waldboden ab. Ein wachsamer Blick und Trittsicherheit sind hilfreich.

Schleierfälle

Durch die Ammerschlucht

Wurzelige Waldpfade, unterbrochen von weichem Nadelbett, machen die Tour so angenehm. Auch wenn wir sie nur sehr selten zu sehen bekommen, die **Ammer** hören wir dauerhaft, sie ist stets unser Begleiter. Kann man schöner zu sich selbst finden als mit dem Geräusch sanft gurgelnden Wassers in den Ohren, umgeben vom beruhigenden Blättergrün der Bäume?

3 Kilometer nach dem Start heißt es aufpassen, denn der Weg biegt – schlecht erkennbar und nicht beschildert – rechts zu den **Schleierfällen** ❸ ab. Die Ammer wird sichtbar und wir lassen uns zum Naturdenkmal Schleierfälle nach rechts vom Weg leiten. Wir können nur staunen und genießen, wie sich

✿ Für die Seele

Auf warmen Felsen sitzend, halten wir inne und nehmen am Ammer-Felsdurchbruch die Energie, Frische und Weichheit des Wassers in uns auf.

das Wasser seit über 1000 Jahren, einem Vorhang gleich, auf weichen Tropfen seinen Weg über kalkige Felsen und grüne Teppiche aus Moos gebahnt hat.

Zurück auf dem Hauptpfad nehmen wir beschwingt den ersten Aufstieg in Angriff. Treppen aus Wurzeln und teilweise von Menschen gestaltet, unterstützen unseren Weg. So geht es die kommenden 3 Kilometer. Ein Auf und Ab durch den Wald oberhalb der Schlucht. Wir schlendern dahin. Verlaufen ist unmöglich, auch wenn es hier komplett an Beschilderung fehlt, bis wir an eine Forststraße kommen, auf der wir rechts dem weißen Schild „Bad Baiersoin" folgen.

Zu den Wassergeräuschen der Ammer gesellt sich nun das Tropfen des **Kühlbachs,** der sich in Kaskaden

Die Schleierfälle, seit 1953 ein Naturdenkmal, sind von besonderer Schönheit und erdgeschichtlicher Aussagekraft. Quellen speisen die Wasserfälle, die über schroffe Kalktufffelsen in mehreren Stufen als breite Schleier bis zum Flussbett fallen.

Verwöhntour 11

Ein Leben zwischen See und Fluss führt die Seeforelle. Heimisch in bayerischen Seen begibt sie sich nur zur Fortpflanzung zu ihren Laichgründen in Flüssen. Da sie in ihrer Existenz bedroht ist, finden Maßnahmen zur Wiederansiedlung der Seeforelle in der Ammer statt.

zu unserer Linken durch die vom Moos bedeckten, fast unwirklich wirkenden Felsen schlängelt und noch heute die **Soiermühle** ❹ mit Strom versorgt. In den Sommermonaten lädt die Mühle normal zur Einkehr ein. Hier kann man in Ruhe einen Kaffee genießen. Darauf sollte man sich aber nicht verlassen.

Beim Queren der hölzernen Brücke heißt es achtsam sein. Nicht weil Rutschgefahr besteht, sondern um ein Auge für die reiche Tierwelt der Ammer zu haben. Als Alpenflusslandschaft bietet die Ammerschlucht vielen Tieren und Pflanzen eine Heimat. Mit etwas Glück lassen sich Eisvogel, Flussuferläufer oder Schwarzspecht beim Tauchen oder Jagen beobachten.

Soiermühle

Deutlich leichter macht es uns der Kiesbank-Grashüpfer, der sich gerne auf den warmen Steinen der Kiesbänke in der Sonne niederlässt. Während wir die Pause genießen, beobachten wir den anspruchsvollen Grashüpfer in seinem natürlichen Lebensraum.

Ein steiler Weg inklusive Treppenstufen mit Handlauf führt uns aus dem bewaldeten Tal der malerischen Ammerschlucht auf eine kleine Anhöhe. Eine Bank lädt mit schönem Wiesenblick zum Ausruhen ein. Wir folgen der **Beschilderung „Ammerrundweg 1"** nach rechts entlang der Hangkante. Ein gekennzeichneter **Ammer-Aussichtspunkt** ❺ würde uns, wenn er weniger zugewachsen wäre, einen spektakulären Blick von oben in die gerade durchwanderte Ammerschlucht bieten. Allein der Gedanke an diesen Perspektivenwechsel sorgt für Zufriedenheit und Glücksmomente.

Durch die Ammerschlucht

Böhmer Weiher

Durch lichten Wald und über Wiesen schlendern wir gemütlich und folgen der gelben Wegmarkierung **Richtung Achele.** Am Auerochsengehege biegen wir rechts auf einen Feldweg ein. Kurz geht es steil entlang der abgesperrten Kuhweide links über Wurzeln und Wiese den Hügel hinauf. Einen kurzen Blick auf einen kleinen Steinbruch erhalten wir zu unserer Linken, folgen dem Weg allerdings in die entgegengesetzte Richtung. Überraschend steht mitten auf einer Wiese ein komplett aus **Holz geschnitztes Kreuz 6**. Der Weg trifft auf eine Kreuzung. Es geht nach rechts in den Wald, wo wir fast unmittelbar durch ein gelbes Schild zum kleinen **Böhmer Weiher 7** geführt werden. Eine zauberhafte Kraftoase mit zwei Bänken am Ufer. Hier kann man das süße Nichtstun spüren. Die Frösche quaken,

Als „ache" wird im Althochdeutschen ein größerer Wasserlauf bezeichnet, „sweige" ist ein Viehhof. So erklärt sich der Name des Anwesens Acheleschwaig, das 1659 durch das Kloster Ettal renoviert und als größter Klosterbetrieb geführt wurde. Heute ist es ein landwirtschaftlicher Familienbetrieb mit Wirtshaus.

Verwöhntour 11

was die Greifvögel aufmerksam werden lässt. Zurück von unserem kurzen Abstecher zum Weiher folgen wir dem gelben Schild mit der Markierung „Achele".

Wir schlendern über weite Wiesen, die moderate Bergsilhouette vor uns. Immer wieder genießen wir den Anblick der mächtigen Berge. Vor einer abschließenden Einkehr lohnt sich noch der Abstecher in die weiße **Acheler Hofkapelle ❽**, die direkt auf unserem Weg liegt. Im Biergarten des **Wirtshauses Acheleschwaig ❾** kann man es sich bei einem hausgemachten Stück Kuchen gut gehen lassen und bei der Aussicht auf die imposanten Berge entspannen.

Gut gestärkt stört uns auch der Asphalt unter unseren Füßen nicht, der die letzten 2 Kilometer bis zum Ausgangspunkt kennzeichnet.

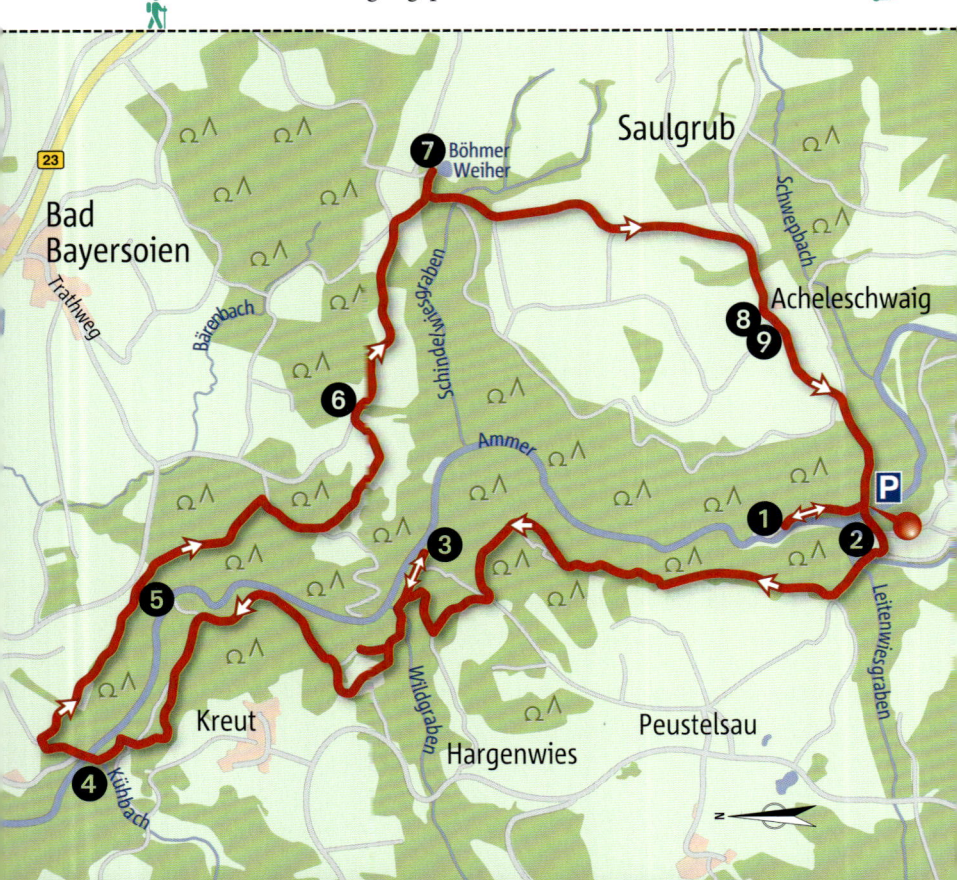

Alles auf einen Blick

WIE & WANN:
Mittelschwere Wanderung mit schmalen Waldpfaden, gemütlichen Wiesenwegen und einem kleinen Stück asphaltierter Straße. Festes Schuhwerk unbedingt zu empfehlen. Ganzjährig schön. Im Winter bilden die Schleierfälle faszinierende Eisformationen.

HIN & WEG:
Auto: Wanderparkplatz im Ammertal bei Achele, 82442 Saulgrub (GPS: 47.6617240, 10.9884500)
ÖPNV: Mit der Regionalbahn bis Bf. Murnau, dort umsteigen in den Regionalzug nach Saulgrub

ESSEN & ENTSPANNEN:
Es empfiehlt sich eine Jause im Rucksack. Einige schöne Rastplätze finden sich auf der Strecke.
Wirtshaus Acheleschwaig ❾ Acheleschwaig 1, 82442 Saulgrub,
Tel. (0 88 45) 75 73 83, www.wirtshaus-acheleschwaig.de

Entspannung ✸✸✸✸✸
Genuss ✸✸✸✸✸
Romantik ✸✸✸✸✸

ENTDECKEN & ERLEBEN:
Ammerdurchbruch Scheibum ❶
Kraftwerk Kammerl ❷ Kammerl 1, 82442 Saulgrub
Naturdenkmal Schleierfälle ❸
Soiermühle ❹
Ammer-Aussichtspunkt ❺
Holzkreuz ❻
Böhmer Weiher ❼
Acheler Hofkapelle ❽ Acheleschwaig 1, 82442 Saulgrub

- ❄ 8 Kilometer
- ❄ 160 Höhenmeter
- ❄ 2 Stunden
- ❄ Rundweg

Verwöhntour 12

Natur pur
Von Fischbach zum Isarstausee

Direkt vom Wanderparkplatz am Hoheneck geht es gemütlich bergauf. Dank der grünen Wegweiser orientieren wir uns an der Wegebezeichnung **HK 21 „Fischbach über Isarstausee".**

Sanft glitzert die wärmende Sonne durch das Blätterdach, während wir durch einen Hohlweg zum Weiler Abberg laufen. Dem Weg folgend treffen wir nach 200 Metern auf eine typische Tölzer Landscheune, an der wir links abbiegen. Wir befinden uns auf einem heilklimatischen Pfad, einem Wegenetz, welches sich durch besondere Faktoren wie moderate Temperatur und Höhe auszeichnet, die das Reizklima in der Region bestimmen. Auch besondere Schonfaktoren wie die Reinheit der Luft machen Wandern hier zu einem besonderen Erlebnis.

Über einen alten, schmalen Wiesenpfad geht es nach **Prösteln** mit seiner kleinen **weißen Kapelle ❶**. Prösteln, eine Einöde, gehört mit weiteren 59 Dörfern, Weilern und Einöden zum Pfarrdorf Wackersberg. Überall zirpt und zwitschert es. Hier lässt sich Natur pur erleben und genießen. Es ist eine Freude, den unzähligen Schmetterlingen und Insekten auf der Blütenpracht bei ihrer Futtersuche zuzuschauen. Unser Weg führt uns zunächst an der Kapelle und anschließend rechts an der mit Holz umlagerten historischen Scheune aus dem 16. Jahrhundert vorbei auf eine Wiese mit wunderschönem Ausblick in die Weite nach Norden. Hier hat man das Gefühl, dass der Alltag weit

Verwöhntour 12

Landgasthof Fischbach

weg ist. Ungestört und unverstellt schweift unser Blick. In der Ferne könnten wir München erahnen, doch gut 30 Kilometer Luftlinie trennen uns von der Landeshauptstadt.

Unser Wiesenweg wechselt sich mit lichtem, hohem Wald ab, der nach der sonnigen Fläche wieder für sanfte Abkühlung sorgt. Eine kurze Passage führt uns zwischen Waldrand und Wiese entlang, bevor wir ein paar Treppenstufen hinab bis zum Wanderparkplatz steigen. **Fischbach** empfängt uns linker Hand mit der **Filialkirche ❷,** die typisch bayerisch einen Zwiebelturm trägt. Die katholische Kirche ist Johannes dem Täufer geweiht. Die kleine Lourdesgrotte aus dem 18. Jahrhundert sollten wir uns anschauen. 200 Meter die kleine Fischbacher Dorfstraße hinauf gelangen wir zu unserer ersten Einkehrmöglichkeit. Der **Landgasthof Fischbach ❸** zählt mit seinem kleinen Biergarten zu den „100 besten Heimatwirtschaften" in Bayern. Ehrlich, traditionell und regional kommen hier neben hausgemachten Kuchen besonders oft deftige Schmankerl und heimische Wildgerichte auf den Teller.

Von Fischbach zum Isarstausee

Für uns geht es gegenüber dem Biergarten an einer historischen Scheune rechts vorbei durch einen kleinen Talkessel in den Wald. Wurzeln haben praktische Stufen in den weichen Waldboden gebaut, die wir nun nutzen können, um so unsere Wanderung abwechslungsreich und entspannt zu gestalten. Wir folgen dem Pfad entlang einer Weide, auf der eine Herde mit milchkaffeebraunen Kühen grast. Es geht hinein in ein kleines, dunkles Wäldchen, das wir schnell wieder verlassen, um uns am Wegesende rechts zu halten. Ab hier wechseln sich Wald- und Wiesenwege ab, denen wir ohne Abzweigungen gemütlich folgen. Wir lassen das kleine Anwesen von **Lechen,** ebenfalls eine Einöde, die zu Wackersberg gehört, links liegen und schlendern über einen Wiesenweg, vorbei an einigen Bie-

Für die Seele

Weite, Wasser und Wald kombiniert mit kulinarischer Gastlichkeit und Ruhe machen diese einsame Wanderung so genussvoll.

Isarblick

Peterbauernbach

Von Fischbach zum Isarstausee

nenhäuschen, deren Summen und Brummen weit hörbar ist, geradewegs auf den Wald zu. Diesem Weg, der immer als **HK21** durch grüne Schilder gekennzeichnet ist, folgen wir. Nach 1 Kilometer treffen wir auf einer weitläufigen Wiesenfläche auf eine graue Holzscheune. Sie ist nicht zu übersehen, denn ihr gegenüber steht eine markante Buche. Die Scheune markiert den Abzweig unseres Weges rechts in den Wald hinein. Ein schmaler Pfad führt uns durch das weiche, satte Grün des dichten Mischwaldes stetig sanft bergab. Wie eine kleine Schlucht hat sich hier der **Peterbauernbach** zwischen den Bäumen ein Bett gegraben. Ein Ort zum Anhalten und Genießen, wo man die Kühle und das leise Plätschern auf sich wirken lassen kann. Kleine Brücken führen immer wieder über das Wasser, welches über Kaskaden und Steine sprudelnd gemütlich neben uns gurgelt.

Dem heiligen Ross- und Viehpatron St. Leonhard zu Ehren findet jedes Jahr Anfang November im Tölzer Land die Leonhardifahrt statt. Die prächtige Leonhardiprozession mit geschmückten Pferden ist ein jahrhundertealter Brauch.

Der Wald lichtet sich und wir treffen auf den Alten Saumweg. Wir halten uns weiter bergab und überqueren nach rund 50 Metern die Straße Am Hoheneck, zwischen den beiden Ortsteilen Hoheneck und Ober-

Stiller Moment

Verwöhntour 12

fischbach. Wenige Schritte später biegen wir zwischen den Häusern nach links ab und sehen bereits hinter einer Garage die Isar fließen. Über die Bürgermeister-Stollreither-Promenade spazieren wir der sanft dahinfließenden Isar rechts entgegen. Wir erreichen den **Ernst-Thiessen-Isarsteg** ❹ und überqueren diesen. In Höhe der Tafel, die nähere Informationen über den Prälatenweg erläutert, lässt eine Lücke der Bäume einen kurzen Blick bis zur Tölzer Stadtkirche zu. Am linken Isarufer liegt direkt am Wasser die Terrasse der **Schwingshackl's Esskultur** ❺ im Alten Fährhaus. Heimatküche, die es in den Guide Michelin geschafft hat, inklusive einer Gastgeberin, die als Sommelière des Jahres ausgezeichnet wurde.

Wir setzen unseren Weg nach links fort, um einem kleinen Pfad am Ende des kurzen Teerstraßenstücks zwischen knorrigen Bäumen und einer saftigen Wiese

Eiche

Von Fischbach zum Isarstausee

zu folgen. Auch ein Blick über die Schulter lohnt, denn so erspähen wir die beiden Kirchturmspitzen auf dem Kalvarienberg. Hoch über Bad Tölz gelegen, bietet das Wahrzeichen der Stadt einen imposanten Blick. Das barocke Ensemble auf dem Kalvarienberg besteht aus Heilig-Kreuz-Doppelkirche, Leonhardikapelle, Ölberg, Golgathahügel, Kerkerkapelle und Kreuzwegkapellen. Was im Mittelalter als Hinrichtungsstätte diente, ist heute berühmt für seine Leonhardifahrt. Wir erklimmen den Kalvarienberg nicht – auch wenn der Abstecher sehr zu empfehlen ist –, sondern folgen unserem Weg geradeaus. Schon bald schleicht sich eine einzelne alte Eiche, die zu jeder Jahreszeit einen ganz besonderen mystischen Anblick bietet, in unser Sichtfeld. Vis-à-vis liegt nun die letzte Möglichkeit einer Einkehr auf unserer Verwöhn- und Genussrunde. Die feinen Kuchen verleiten uns wieder zu einer Kalorienzufuhr, diesmal in der **Moralt-Alm 6**.

Das letzte Stück unserer gemütlichen Wanderung führt auf dem **Walgerfranzweg** durch den Wald. Ein Schild weist uns auf eine alte Volkssage hin, nach der wir uns an einem Ort befinden, an dem zur Pestzeit 1634 die Bewohner von den beiden Bauernhöfen „In der Linden", die sich an dieser Stelle befanden, ausgestorben sind.

Wir folgen dem Weg in Fluss- und Stauseenähe, halten uns an der kleinen Teerstraße nach links und kommen geradewegs zum **Isarkraftwerk 7**. Direkt am Turbinenhaus hat sich der Künstler Florian Scheitler aus Lenggries mit einem gesprühten Kunstwerk verewigt. Schmunzeln lässt uns bei der Betrachtung des Bildes ein Flusskrebs mit Trachtenhut oder ein angelnder Frosch.

Ein Metallgittersteg direkt auf der Staumauer des Wasserwerks lässt uns den Fluss queren. Kurz innehalten und den Blick über den See bis auf Blomberg

Das Isarkraftwerk, das 1958 in Betrieb genommen wurde, produziert als einziges Durchflusskraftwerk der Isar rund 10 Millionen Kilowatt Strom. Eine Menge, die etwas 3500 Haushalte versorgt.

Verwöhrtour 12

Das Kraftwerk hat Einfluss auf die Fische. Um vom wild dahinströmenden Fluss 8 Meter hinauf in den ruhigen Stausee zu gelangen, mäandert links des Kraftwerks eine künstliche Fischtreppe den Berg hinauf.

und Brauneck erleben. Je nach Wetterlage bieten dabei Isar, Stausee und Himmel mit ihren „50 Shades of Blue" ein faszinierendes Farbenspiel.

Auf der anderen Isarseite folgen wir dem Weg nach links, doch zuvor lohnt sich ein kleiner Abstecher an die etwas versteckt liegende **Fischtreppe ❽**. Zurück auf dem Hauptweg sind es nur noch wenige Minuten, bis unsere Wanderung an ihrem Ausgangspunkt, dem Wanderparkplatz, endet.

Einen Biber treffen wir bis dahin nicht, wohl aber überall Bäume, an denen er intensiv gearbeitet hat. Lange Zeit stand er unter besonderem Schutz, nun entwickelt sich seine Population zu einer Gefahr für die Vegetation rund um die Gewässer im oberbayerischen Voralpenraum.

Alles auf einen Blick

WIE & WANN:
Leichte Wanderung über Wald- und Wiesenpfade, Feldwege und kurze asphaltierte Stücke. Der Weg ist zu jeder Jahreszeit empfehlenswert, besonders schön im Frühling und Frühsommer, wenn alles blüht.

HIN & WEG:
Auto: Parkplatz Am Hoheneck, 83646 Wackersberg (GPS: 47.7756430, 11.5374350)
ÖPNV: Mit der BOB bis Bf. Bad Tölz, dann mit Bus 379 bis Valtl, Abzweigung Haunleiten, der Straße stadtauswärts 300 Meter folgen.

ESSEN & ENTSPANNEN:
Landgasthof Fischbach ❸ Fischbach 48, 83646 Wackersberg,
Tel. (0 80 41) 48 17, www.gasthaus-fischbach.de
Schwingshackl's Esskultur ❺ An der Isarlust 1, 83646 Bad Tölz,
Tel. (0 80 41) 60 30, www.schwingshackl-esskultur.de

Entspannung ✦✦✦✦✦
Genuss ✦✦✦✦✦
Romantik ✦✦✦✦✦

Moralt-Alm ❻ Walgerfranzweg 1, 83646 Bad Tölz,
Tel. (0 80 41) 7 94 00 20

ENTDECKEN & ERLEBEN:
Kapelle Prösteln ❶
Filialkirche Fischbach ❷ Fischbach 47, 83646 Wackersberg
Ernst-Thiessen-Isarsteg ❹
Isarkraftwerk ❼ Zum Isarkraftwerk, 83646 Bad Tölz
Fischtreppe ❽

- 6 Kilometer
- 200 Höhenmeter
- 2 Stunden
- Rundweg

Entschleunigungstour 13

Ein Stück historischer Ortskern von **Kochel** ist der Beginn unserer Wanderung. Bewusst wählen wir, den Bahnhof in unserem Rücken, die Mittenwalder Straße nach links. Am Gasthof zur Post treffen wir auf das **Denkmal für den Schmied von Kochel** ❶, den wohl berühmtesten Bürger der Gemeinde. Der 50 Meter entfernte Abzweig in die Alte Straße ist unser Weg. Saftige Wiesen und hübsche Bauernhäuser mit farbenfrohen Geranien an den Balkonen säumen unsere Wanderung, die wir bei Am Sonnenstein bergauf fortsetzen. Garniert wird das asphaltierte Stück mit einem traumhaften Blick auf Herzogstand und Heimgarten. Grüne Wegmarkierungen mit der Aufschrift „Wasserfall-

Der Schmied von Kochel ist eine sagenhafte Gestalt in der bayerischen Geschichte. Er spielte vor über 300 Jahren eine herausragende Rolle in der Sendlinger Mordweihnacht, die 1705 zum Bauernaufstand führte. Der Legende nach soll er als letzter Mann in den Reihen der Aufständischen gefallen sein.

Vogelgezwitscher
Wasserfallrunde im Lainbachtal

runde HK 42" signalisieren uns, auf der richtigen Wegstrecke zu sein. Die ersten 800 Meter bewegen wir uns durch Kochel, doch schon bald umfängt uns lichter Wald. Eine ganze Weile ist er hörbar, bevor wir ihn sehen, den Lainbach.

Alternativ ist auch der Besucherparkplatz am **Franz Marc Museum** ❷ als Startpunkt zu empfehlen. Vorbei

Entschleunigungstour 13

14 Tafeln entlang des Weges stellen zahlreiche heimische Vogelarten vor und vermitteln einen Eindruck von Lebensart, Eigenheiten und Lebensraum dieser Tiere. Per QR-Code lassen sich die jeweiligen Vogelstimmen abrufen.

am Museum, über die Straße Rothenberg Süd, erreicht man auf der Alten Straße ebenfalls den Abzweig Am Sonnenstein. Wir werden direkt in den Wald geführt und können den Weg kaum verfehlen, wenn wir uns erst kurz links und danach immer rechts am **Laingraben** den Berg aufwärts halten.

Umgeben vom süßlich modrigen Duft des Waldbodens, wandern wir in lichtdurchflutetem Mischwald. Regelmäßig finden sich hölzerne Tafeln, die Informationen über heimische Vögel bieten. Kein Wunder, befindet sich doch auch ein **Vogellehrpfad** ❸ auf einem Stück unseres Weges.

Entlang schmaler Waldpfade geht es teilweise über Stufen und kleine Brücken immer am gurgelnden Bach entlang. Mal fließt er ruhig und entspannt, dann wieder übermütig springend über kleine Stromschnellen und wilde Passagen. Weich federt der Boden bei jedem Schritt, aber auch die ein oder andere matschige Stelle gilt es zu passieren. Wir erreichen den **unteren Lainbachwasserfall** ❹. Wechselvoll ergießt sich das Wasser über eine Vielzahl an Felsstufen in munteren Kaskaden den Berg hinab. Moosige Passagen gibt es für das Wasser ebenso zu meistern wie alte

❀ Für die Seele

Der idyllische Laingraben mit seinen Plätzen zum Verweilen, der Vielzahl an Vogelstimmen und dem Duft des Waldbodens wirkt wie ein Seelenschmeichler.

Lainbachgraben

Entschleunigungstour 13

Oberer Wasserfall

Auf etwa 1200 Meter, am westlichen Ausläuferhang des Hirschhörnlkopfes, entspringt der Lainbach. 3 Kilometer formte er sich sein Bett in den Felsen, um anschließend in den Kochelsee zu münden. So fließt er schlussendlich über Loisach, Isar und Donau bis ins Schwarze Meer.

Baumstämme und glatte Felsen. Munter sprudelt der Gebirgsbach über die Klippen. Ein Bild, an dem man sich kaum sattsehen kann. Gemütlich nehmen Vögel ein Bad in den kleinen, von Wasserkraft erschaffenen Gumpen.

An diesem idyllischen Fleck lohnt eine längere Erfrischungspause, um dem Plätschern und Rauschen des Wassers zu lauschen. Kurzweilig führt der Pfad weiter zum **oberen Wasserfall 5**. Beste Aussicht auf ihn genießen wir auf der Brücke, die uns trockenen Fußes den Lainbach überqueren lässt. Über 10 Meter fällt der Wasserfall an der glatten Felswand hinab, bis er in einem tiefen Becken mit kristallklarem Wasser endet. Im Laufe des Tages ändert der Wasserfall im Wechselspiel von Licht und Schatten mehrfach sein Gesicht. Besonders kalt ist das Wasser nicht und so sehen wir mit etwas Glück einige Bachforellen, die solche Wassertemperaturen lieben. Die aufstiebende Gischt zaubert Regenbogen in die Szene und uns ein Lächeln ins Gesicht.

Steil geht es auf teils natürlich geformten Stufen den Berg hinauf, nicht ohne genussvoll den Ausblick in die uns zu Füßen liegende Schlucht zu erleben. Oben angekommen, besteht die Möglichkeit, über einen breiten Weg links nach Kochel am See abzukürzen. Unser Rundweg führt weiter durch märchenhaften Wald. An jeder Ecke wartet ein eigener kleiner Mikrokosmos darauf, bestaunt zu werden. Moose und Klee erobern morsche Baumstümpfe für sich, unter ausgespülten Wurzeln finden sich neue Lebensräume und in den Baumwipfeln pfeifen die Vögel ihr Lied.

Selten markiert ein Schild mit der Aufschrift **"Wasserfallrunde HK 42"** auf den nächsten 1,5 Kilometern unseren Weg. Problematisch ist es nicht, denn wir halten uns immer geradeaus. Verlaufen ist nicht möglich.

Wasserfallrunde im Lainbachtal

Linker Hand ist ein interessanter hohler Baum, bevor sich der Wald öffnet und wir auf eine blütenreiche Almwiese treten. Zur passenden Jahreszeit bietet sich den Wanderern an dieser Stelle ein Blumenmeer. Alternativ weiden hier Kühe.

Wir biegen auf dem Forstweg nach links, um diesem gut 1 Kilometer Richtung Tal zu folgen. Ein kleiner Weg nach rechts lässt uns bei einem kurzen Abstecher oberhalb des Wasserspeichers einen **traumhaften Aussichtspunkt** ❻ unter zwei imposanten Kastanien entdecken. Von hier genießen wir einen einzigartigen Blick auf den Kochelsee, das Loisach-Kochelsee-Moor und bis hinüber zum Herzogstand, inklusive des mittels eines Grats verbundenen Heimgartens. Der perfekte Platz für Auszeitgenießer. Tisch und Bank für ein gemütliches Picknick stehen jedenfalls bereit.

Beschwingt zurück auf dem Hauptweg, erreichen wir die ersten Häuser von Kochel nach wenigen Wan-

Ausblick auf den Herzogstand

Traumhafter Aussichtspunkt

Entschleunigungstour 13

derminuten. Eines davon ist das **Bauerncafé Zum Giggerer** ❼. Im gemütlichen Gastgarten können wir uns mit hausgemachtem Kuchen oder einer deftigen Brotzeit stärken.

Für die letzten Meter zurück zum Ausgangspunkt bieten sich uns zwei Varianten. Wir können den bekannten Weg auf der Alten Straße zum Schmied-von-Kochel-Denkmal und dann rechts zum Bahnhof gehen. Die mit Abstand schönere Variante ist, direkt hinter dem Bauerncafé rechts über einen kleinen Wiesenweg zu bummeln, das frische Grün und die leuchtenden Farben der Blumen zu genießen und eventuell einige Vögel an ihrem Zwitschern zu erkennen. Auch dieser Weg endet direkt am Bahnhof.

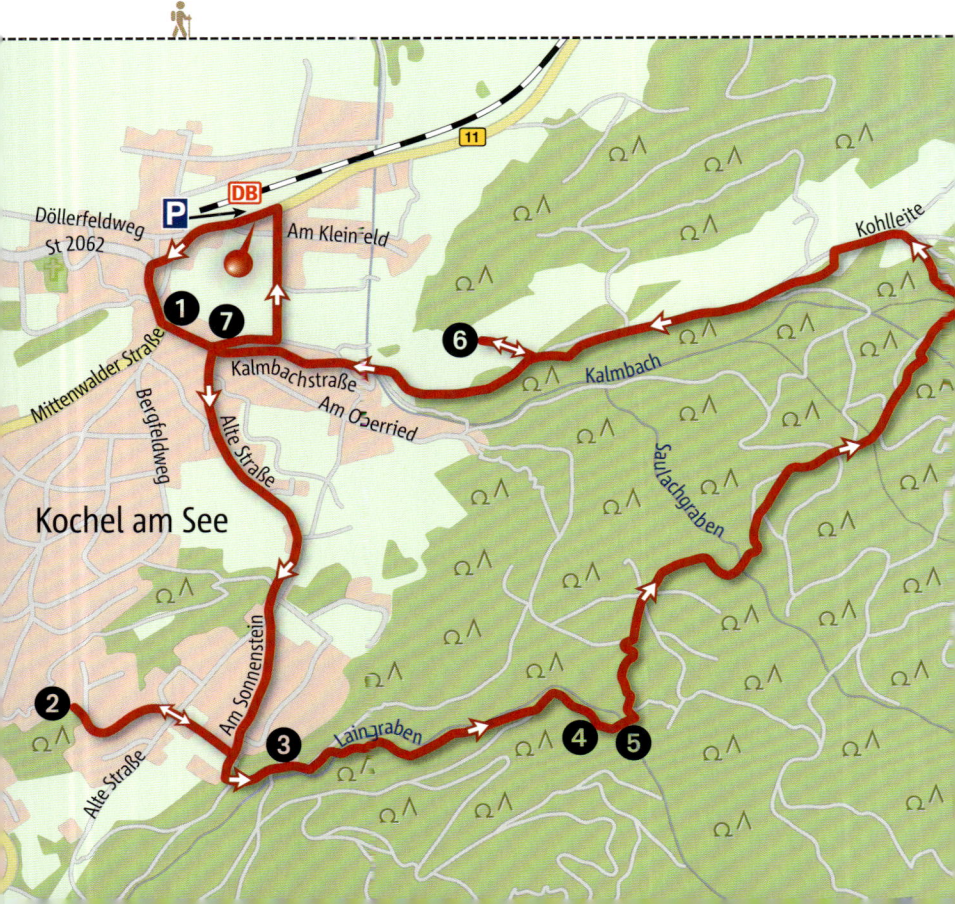

Alles auf einen Blick

WIE & WANN:
Leichte Wanderung über schmale Waldpfade, Forstwege und asphaltierte Straße. Gutes Schuhwerk ist zu empfehlen, es kann feucht sein. Ganzjährig begehbar, auch im Winter ein schönes Naturschauspiel.

HIN & WEG:
Auto: Parkplatz am Bf. Kochel, Von-Aufseß-Weg, 82431 Kochel (GPS: 47.6605229, 11.3717218516); Alternative: Besucherparkplatz am Franz Marc Museum, Mittenwalder Straße 42, 82431 Kochel (GPS: 47.650063, 11.362685)
ÖPNV: Mit der Regionalbahn von München nach Bf. Kochel am See

ESSEN & ENTSPANNEN:
Es empfiehlt sich eine Jause im Rucksack. Einige schöne Rastplätze finden sich auf der Strecke.
Bauerncafé Zum Giggerer ❼ Kalmbachstraße 13, 82431 Kochel am See, Tel. (01 71) 7 94 44 35, https://giggerer.de

ENTDECKEN & ERLEBEN:
Denkmal für den Schmied von Kochel ❶ Schmied-von-Kochel-Platz 6, 82431 Kochel am See
Franz Marc Museum ❷ Mittenwalder Straße 50, 82431 Kochel am See, Tel. (0 88 51) 92 48 80
Vogellehrpfad ❸
Unterer Lainbachwasserfall ❹
Oberer Wasserfall ❺
Traumhafter Aussichtspunkt ❻

Entspannung ✦✦✦✦✦
Genuss ✦✦✦✦✦
Romantik ✦✦✦✦✦

Entschleunigungstour 14

Kleiner Berg mit großen Überraschungen. Neugierig? Bereit für ein entspanntes Abenteuer in der Natur? Bei dieser Wanderung wird die Frische des Waldes gepaart mit Ausblicken, die Lebensfreude sprudeln lassen.

Wir starten am Ende des **Birkenwegs**. Gemütlich ansteigend spazieren wir den teilweise grasbewachsenen Waldweg, den direkten Anschluss an die Straße, hinab. Heimat kann man riechen, besonders hier, umgeben von grünen Wäldern und blühenden Wiesen. Es duftet nach feuchter Erde, ein Geruch, der Zufriedenheit ausstrahlt. Ein Hohlweg mit seinem weichen Boden löst die bisherige breite Version ab. Überall blicken wir vom Rand unseres Pfades in das tief im Boden eingegrabene Wurzelwerk der hohen Fichten, Stieleichen und Tannen. Eine Besonderheit des Taubenberges ist sein hoher Tannenanteil von über 10 Prozent. Außerdem charakteristisch sind die Schluchtwälder, vorwiegend im Farnbachtal, welches wir später erreichen. Seine Kombination mit sehr kalkhaltigem Grundwasser macht den Berg so wert-

Der Taubenberg ist vor 10 bis 15 Millionen Jahren durch Schuttströme entstanden. Zwei Drittel des Berges sind im Besitz der Stadt München und für die Stadt ein wichtiges Wasserversorgungsgebiet, der Rest ist örtlicher Streubesitz.

Wasserreservoir
Rund um den Taubenberg

voll und besonders als Lebensraum für geschützte Vogelarten wie Schwarzstorch, Auerhuhn und Sperlingskauz. Die gelbe Wegmarkierung, welche uns in Richtung Taubenberg bzw. auf den Taubenberg Rundweg aufmerksam macht, ist nur ganz selten vonnöten. Gemütlich schlendern wir den sanft ansteigenden **Taubenberg** hinauf. Besonders im Sommer spen-

Entschleunigungstour 14

Barfußpfad mit Aussicht

Im Zuge des Ausbaus der Münchner Wasserversorgung aus dem Mangfalltal wurde 1910 an der Stelle des hölzernen Aussichtsturms der steinerne Turm erbaut. An dem Ort, an dem der Turm ursprünglich als Abschlussbau der Kaltenbachquellfassung geplant war, steht heute das Reisacher Wasserschlösschen.

den die Bäume kühlen Schatten. Wir befinden uns inmitten eines großen Wasserreservoirs für München. Die Landeshauptstadt bezieht ihr Trinkwasser aus der intakten Natur des bayerischen Voralpenlandes.

Gemütlich schlendern wir durch den Wald, spüren die wärmenden Sonnenstrahlen, die das Blätterdach durchdringen. Zu den Fichten und Tannen haben sich eine Vielzahl an Laubbäumen wie Buche und Ahorn gesellt. Eine **Kreuzigungsgruppe** ❶ am Wegesrand zeigt uns eindrucksvoll, dass wir uns auf einem Berg bewegen, der früher regelmäßig Wallfahrer anlockte. Wir halten uns leicht links und haben nach ruhigen 2 Kilometern den **Aussichtsturm** ❷ erreicht. Mit etwas Glück ist die Turmtür – über der das Münchner Kindl zu sehen ist – geöffnet. Ansonsten ist es in der Zeit von April bis Oktober möglich, gegen Pfand den

Rund um den Taubenberg

Schlüssel im nahe gelegenen Gasthaus Taubenberg zu erhalten. Ein Ort, an den wir im Laufe unserer Wanderung noch gelangen.

105 steinerne Stufen sind zu erklimmen, bevor ein faszinierender Rundumblick die kleine Anstrengung belohnt. 915 Meter über der Nordsee – das ist Rekord für den Taubenberg, der sonst so unscheinbar wirkt. Der überdachte Aussichtsturm bringt es immerhin auf stolze 30 Meter. Stundenlang kann man die Aussicht genießen, die besonders bei föhniger Wetterlage spektakulär ist. Der Blick schweift über die Schlierseer und Tegernseer Berge, gen Norden sogar hinaus bis München. Vollständig aus Tuffstein errichtet, bietet auch unser Abstieg einen beeindruckenden Blick. Diesmal aber nicht in die Natur, sondern auf die gegenläufige Wendeltreppe im Turminneren.

Ein paar magische Orte warten noch auf uns und so steigen wir hinab. Weiterhin bleiben wir auf dem Hauptweg. Eine kleine **Kapelle** ❸ sorgt, kombiniert mit der gegenüberliegenden Weite über die Wiesen in die Bergwelt, für abwechslungsreiche Aussich-

❀ Für die Seele

Auszeit mit Blick über die Wipfel des Alpenvorlandes. Die Ruhe im Wald ist nicht nur subjektives Empfinden, sondern eine objektive Tatsache.

ten. Nach 50 Metern geht es links auf einer fast unbefahrenen Teerstraße hinab, bis wir rechts auf den **Barfußpfad** ❹ einbiegen. Schuhe aus und die Verbundenheit mit dem Boden erleben. Wechselvolle Untergründe reizen unsere Fußsohlen. Es ist immer wieder unterhaltsam, zu erleben, wie vielfältige taktile Wahrnehmungen unsere Füße unterscheiden kön-

Wallfahrtskapelle Nüchternbrunn

Rund um den Taubenberg

nen. Der Begriff Erdung bekommt eine ganz neue Bedeutung. Ein persönlicher Tipp: Mit geschlossenen Augen ist das taktile Erleben noch mal ein komplett anderes. Eine zweite Person, die führen kann, ist angebracht. Entlang des Waldrandes schlängelt sich der Weg vorbei an einer Weide unter einem rauschenden Blätterdach hindurch. Glockengebimmel und duftende Blüten wecken alle Sinne.

Wir treffen für ein paar Schritte auf die geteerte Straße, bevor der **Berggasthof Taubenberg** ❺ in Sicht kommt. Idyllisch liegt der sonnige Gastgarten über einem Naturparadies für Kinder. Regionaltypische Speisen holen wir uns im Haus und genießen den hausgemachten Kuchen bei herrlicher Aussicht auf die Alpen.

Nach kurzer, aber intensiver Pause geht es 50 Meter den Berg hinauf zurück, bevor wir rechts in den Wald abbiegen. Eine hölzerne Tafel beschreibt die möglichen Wandertouren und markiert so unseren Taubenberg-Rundweg.

Wir durchwandern die hellen Schluchtwälder des oberen Farnbachtals und bestaunen die Kraftanstrengungen, die Pflanzen, Bäume und Sträucher hier vollbringen. Mal matschig und schnell wieder federweich wechselt der Waldboden seinen Untergrund. Das reiche Wasservorkommen der Region wird auch anhand der üppigen Flora deutlich. Immer dem Weg folgend erreichen wir nach 2 Kilometern die **Wallfahrtskapelle Nüchternbrunn** ❻. Leise plätschert die Niedernbrunn Quelle in ein einfach gefasstes Becken. Wie auch die anderen Quellen aus dem wasserreichen Taubenberggebiet speist sie den Farnbach, einen Zufluss der Mangfall. Zweimal im Jahr – Ende Juni und am 15. September – finden hier im Rahmen einer Wallfahrt Gottesdienste statt. Im Sommer ist die Kapelle am Sonntagnachmittag zum Beten eines Rosenkranzes geöffnet. Unser Weg wird zu einem **Kreuzweg** ❼. Auf einem idyllischen Pfad, der sich mal auf einem kleinen Bergrücken, mal durch Hohlwege schlängelt, stehen

Auf einer kleinen Lichtung im Wald über dem Farnbachtal liegt das malerische Wallfahrtskirchlein Nüchternbrunn mit der dazugehörigen Klause. Nach einem verheerenden Brand wurde die Kapelle 1946 von Kardinal Faulhaber der schmerzhaften Muttergottes geweiht. Die kleine Quelle gilt als wirksam bei Augenleiden.

Entschleunigungstour 14

in regelmäßigen Abständen kleine Stelen, die den Leidensweg Christi beschreiben. Weich federt der Waldboden unter unseren Schuhen, Balsam für Körper und Geist.

Komplett entspannt kommen wir im Tal an, dort biegen wir nach links auf den Nüchternbrunnweg ab, der nach 100 Metern wieder links zum Birkenweg wird und uns zu unserem Startpunkt zurückführt.

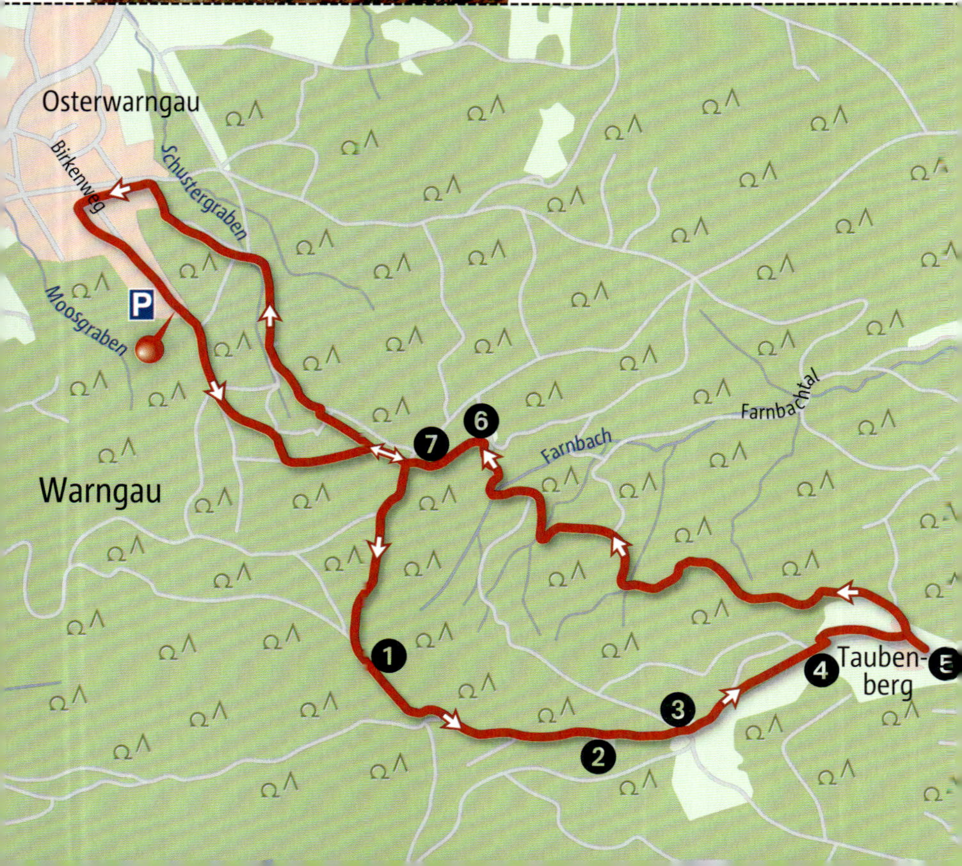

Alles auf einen Blick

WIE & WANN:
Leichte, weiche Waldwege, Barfußpfad und gemütliche Forstwege.
Die Tour ist für jede Jahreszeit geeignet.

HIN & WEG:
Auto: Parkplatz am Ende des Birkenwegs, 83627 Osterwarngau
(GPS: 47.8364390, 11.7404080)
ÖPNV: Mit der BOB bis Bf. Holzkirchen, dann mit Bus 9566, 9567 bis Osterwarngau, gegenüber der Bushaltestelle beginnt der Birkenweg, dem man bis zum Ende folgt.

ESSEN & ENTSPANNEN:
Es empfiehlt sich eine Jause im Rucksack. Einige schöne Rastplätze finden sich auf der Strecke.
Berggasthof Taubenberg ❺ Taubenberg 1, 83627 Warngau,
Tel. (01 77) 4 81 94 84, www.taubenberg.de

ENTDECKEN & ERLEBEN:
Kreuzigungsgruppe ❶
Aussichtsturm ❷
Kapelle ❸
Barfußpfad ❹
Wallfahrtskapelle Nüchternbrunn ❻
Kreuzweg ❼

Entspannung ✹✹✹✹✹
Genuss ✹✹✹✹✹
Romantik ✹✹✹✹✹

Entschleunigungstour 15

Unsere Tour startet am Ende der **Josefstaler Straße.** Von der Wegmarkierung „Josefstaler Wasserfälle" geleitet, biegen wir am Ende der Asphaltstraße hinter den letzten Häusern ab. Geradeaus führt die Alte Spitzingstraße weiter, eine Variante, über die wir die Runde zum Ende hin abwandeln können. Dazu später mehr.

Wir halten uns rechts, folgen der Beschilderung und lustwandeln entlang eines saftig grünen Wiesensaums über einen Pfad in den Wald. Weich umfängt uns der Schatten der Bäume. Parallel zum munter gurgelnden **Hachelbach** wandern wir gemütlich 500 Meter bis zum ersten **Wasserfall** . Er ist der größte und schönste in der Region. Besonders das Spiel aus Licht und Schatten lässt diesen Ort zu einer magischen Kraftoase werden. Ob es wirklich der hölzerne Thron für eine Auszeit sein muss? Entspannt mit den Füßen im kühlen Nass spielen oder einfach dem Sprudeln des Bachs lauschen, wenn er munter über die einzelnen Felsvorsprünge plätschert. Verweilen sollten wir hier auf jeden Fall, bevor wir den schmalen Pfad nach

> Der Altschlierseer Kirchtag ist ein besonderes Fest Anfang August. In festlich geschmückten Plätten wird, wie früher, in historischen Gewändern von Fischhausen nach Schliersee gerudert. Mit Festzug, Patroziniumsgottesdienst und Prozession geht es zum Kirchweihfest.

Bunte Blumen
Bockerlbahnweg am Schliersee

links über Waldstufen hinaufsteigen. An jeder Ecke wartet ein neuer Anblick, der uns innehalten und herunterkommen lässt. Wenn ein kleiner Bach zum Ruhestifter wird, dann hier. Viele kleine versteckte Ecken bieten Orte für eine Genusspause.

Teilweise sprichwörtlich über Stock und Stein, vorbei an dunklen Gumpen und kleinen Wasserfäl-

Entschleunigungstour 15

Auszeit am Bach

len, spazieren wir entlang des Bachs aus der kleinen Schlucht heraus. Wir spüren die wärmende Sonne, als wir auf eine breite Wiese treten. Vielfältig muten Flora und Fauna auf der wasserreichen Fläche an. In jeder Blütenfarbe der Natur zeigen sich bunte Flecken. Ob gelbe Trollblumen, die ihre runden Köpfchen der Sonne entgegenrecken, lila Bergdisteln und geschützte Berg-Flockenblumen oder weiße Flauschmützchen von Wollgras, die der Wind sanft schaukelt. Jetzt ist der passende Moment, die Füße aus den Wanderschuhen zu befreien und mit den Zehen im frischen Wasser zu planschen, während die warmen Sonnenstrahlen vorwitzig die Nasenspitze kitzeln.

Bockerlbahnweg am Schliersee

Über eine **hölzerne Brücke** ❷ setzen wir den Weg den Berg hinauf fort. Nach 300 Metern erreichen wir eine Weggabelung. Wenn wir jetzt weiter geradeaus gehen, erreichen wir die unbewirtschaftete Stockeralm und können links auf die Alte Spitzingstraße abzweigen. Die Alternative des Weges lassen wir im wahrsten Sinne des Wortes links liegen.

Unsere Entspannungstour biegt nach rechts auf einen schmalen Wiesenweg ein, der sich sanft an den Hang schmiegt. Auf ebener Strecke, oberhalb der Josefstaler Wasserfälle, die gut verdeckt von den Bäumen kaum sichtbar sind, erleben wir Schritt für Schritt pure Erholung.

In regelmäßigen Abständen erfahren wir auf Infotafeln interessante Details über die **Bockerlbahn** ❸, denn auf deren Spuren befinden wir uns nun. Am 5./6. Januar 1919 entwickelte sich oberhalb des Spitzingsees ein orkanartiger Föhnsturm. Ein Naturereignis, das mit brachialer Gewalt auf einer Fläche von 5 mal 3 Kilometern über 300.000 Bäume umstürzen ließ. Eine gigantische Schneise der Verwüstung auf Rotwand, Pfanngraben und Elendgraben. Unmengen an Holz,

❀ Für die Seele

Glücksort Wasserfall. Spricht Wasser? Kommuniziert der Wald und haben Pflanzen eine Seele? Wer achtsam ist, bekommt hier Antworten.

das auf einer Strecke von 12 Kilometern und Steigungen mit bis zu 40 Prozent schnellstmöglich abtransportiert werden musste, um dem Borkenkäfer Einhalt zu gebieten.

Mit der Neuhauser Bockerlbahn wurde dank technischer Meisterleis-

Entschleunigungstour 15

Wasserfall

Bockerlbahnweg am Schliersee

tung und immensen Kraftaufwandes der Bevölkerung diese Riesenaufgabe bewältigt.

Einen restaurierten **Originalwaggon** ❹ der Bockerlbahn passieren wir auf unserem Weg. Fast wäre die Waldbahn, mit der man innerhalb von drei Jahren die gesamten Sturmschäden abtransportiert hat, in Vergessenheit geraten, da sie 1922 stillgelegt und die Strecke auch vollständig wieder zurückgebaut wurde. Erst die Eröffnung des liebevoll angelegten Bockerlbahnwegs im Jahr 2010, initiiert durch den Freundeskreis der Neuhauser Bockerlbahn, machte die Existenz der Neuhauser Bockerlbahn einer breiten Öffentlichkeit bekannt. So können wir alte Fotos direkt an Ort und Stelle mit der heutigen Landschaft vergleichen. Knapp 100 Jahre nach diesem verheerenden Sturm ist der Natur glücklicherweise nichts mehr anzusehen.

779 wurde Schliersee erstmals erwähnt. Damals gründeten fünf Brüder des bayerischen Uradels der Waldecker in der Wildnis der Berge ein Kloster. Der Name „Slyrse" entwickelte sich im Laufe der Jahrhunderte zum heutigen Schliersee.

Entschleunigungstour 15

Das Markus Wasmeier Freilichtmuseum am Schliersee ist ein altbayerisches Dorf. Hier erfährt man einiges über Kultur, Tradition und Handwerk, zum Beispiel über Filzen, Brotbacken, Bierbrauen, Wollverarbeitung und vieles mehr.

Gut 2 Kilometer spazieren wir auf einem Teilstück der ehemaligen Bahntrasse, bis wir den Bockerlbahnweg nach rechts hinunter Richtung Neuhaus verlassen. Über den Buchenweg treffen wir auf die Josefstaler Straße und folgen dieser bis zu unserem Parkplatz.

Auch eine Einkehrmöglichkeit mit Biergarten liegt am Ende unseres Weges, das Café-Wirtshaus **Brunnhof** ❺.

Ein Abstecher an den idyllisch gelegenen Schliersee und ins Markus Wasmeier Freilichtmuseum lohnt sich.

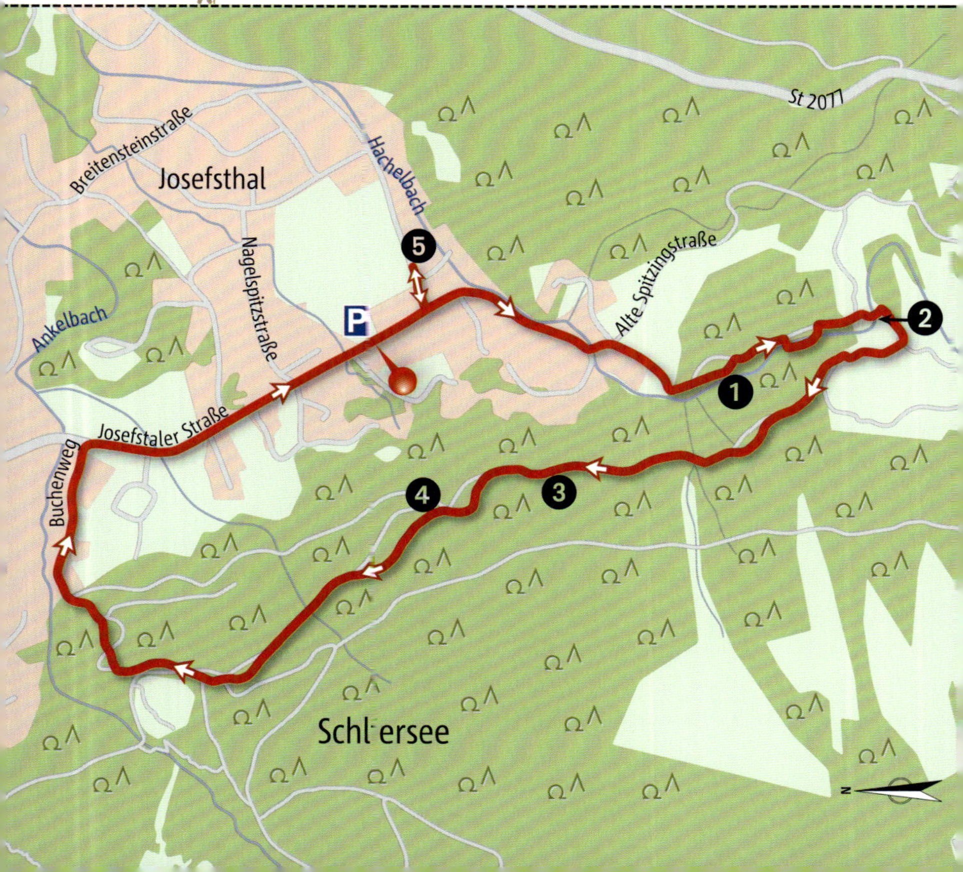

Alles auf einen Blick

WIE & WANN:
Leichte Wanderung über schmale Wiesen- und Waldpfade, Bockerlbahnweg und asphaltierte Straße. Die Tour ist ganzjährig schön.

HIN & WEG:
Auto: Josefstaler Straße, 83727 Schliersee/Neuhaus (GPS: 47.691466, 11.884943). Wenige legale Parkplätze. Es empfiehlt sich, entlang der Straße zu parken.
ÖPNV: Mit der BOB bis Bf. Fischhausen-Neuhaus. Der Neuhauser Straße 150 Meter folgen und rechts in die Josefstaler Straße einbiegen.

ESSEN & ENTSPANNEN:
Es empfiehlt sich eine Jause im Rucksack. Einige schöne Rastplätze finden sich auf der Strecke.
Café-Wirtshaus Brunnhof ❺ Aurachstraße 1, 83727 Schliersee,
Tel. (0 80 26) 72 83, www.cafe-brunnhof.de

ENTDECKEN & ERLEBEN:
Wasserfall ❶
Brücke ❷
Bockerlbahnweg ❸
Restaurierter Originalwaggon ❹

Erfrischungstour 16

Wandern entlang eines munteren Bergbaches mit purer Entspannung am Fuße des Glasbach Wasserfalls, so lautet unser heutiger Plan. Ein bisschen Proviant für ein gemütliches Picknick am Wasser ist unbedingt zu empfehlen.

Von unserem Startplatz, dem Schützenhausparkplatz mitten in Jachenau-Dorf, geht es dank einer neuen Metallbrücke über die Kleine Laine gemütlich auf einem schönen, schmalen Waldweg sanft bergauf. Verlaufen ist nicht möglich und trotzdem weist uns ein weißes Schild in geschwungenen Lettern den Weg zum Wasserfall. Munter plätschert sie teils wild neben uns, die Große Laine ❶. Ein Blick auf die vielen angespülten Baumstämme im Bachbett lässt erahnen, welche Wassermassen sich hier bei richtigem Regen durch das Tal drücken und ihre Kraft sichtbar machen. Auch die unterschiedlichen Felsformationen, die das Bachbett bilden, sind faszinierend. Mal in Schichten, wie gefaltetes Papier, mal liegen riesige runde Steine im Bach. Allein der Ausblick verzaubert.

Sanft schlängelt sich der Pfad den Berg hinauf durch schattigen Mischwald, der hauptsächlich aus Buchen besteht. Einfach schön, wie sich die Lichtspiele aus Wasser und reflektierendem Sonnenlicht in den Wald malen. Anhalten, stehen bleiben und den Moment genießen. Es sind die Geräusche des Waldes, die uns zur Ruhe kommen lassen. Kurz lichten sich die Bäume und lassen uns das wunderschöne Bergpanorama bestaunen, während der Weg uns gemütlich

Im Sonnenhochtal Jachenau bieten Gipfel Wandermöglichkeiten für jeden Konditionstyp und Almen regionale Spezialitäten. Im Kräuter-Erlebnis-Ort sprießen außerdem jede Menge wilde Kräuter und finden Kräuterwanderungen für Naturliebhaber statt.

Nasses Element
Zum Glasbach Wasserfall

Lustiger Holzgeselle

Zum Glasbach Wasserfall

über eine weite Wiese führt. Zugegeben, wir sind noch nicht lange unterwegs, doch eine überdachte Holzbank lockt mit ihrem Jochbergblick zu kleinen Momenten des Verweilens.

Angenehm federt der Boden unter den Füßen, während der wunderbar ausgeschilderte Weg über Almen, durch Wald sowie weite Wiesen führt. An einem Abzweig nach rechts wartet ein lustiger Holzgeselle auf schlendernde Wanderer und gewährt ihnen Eintritt in einen Wald, der aus einem Märchenbuch stammen könnte. Moosige Steine, grüner Waldboden und kleine Hügel verzaubern uns, wie in einem Feenland. Ob sich wohl ein Gnom aus seinem Versteck heraustraut?

Wo der Bach zu überqueren ist, ebnen Holzbrücken den Weg. Spektakulär liegen weiße Felsen im Bachbett und erinnern an die Spielzeugklötzchen eines Riesen, umsprudelt von hellblauem, kristallklarem und zugleich eisigem Wasser. Regelmäßig bieten kleine Abstecher am Wegesrand die Möglichkeit, dem Gebirgsbach ganz nah zu kommen. Besonders im Sommer laden Kiesbänke oder sonnenbeschienene Felsen zu einer Pause ein. Abkühlung tut gut und während die Füße im Wasser planschen, lassen wir unsere Nasenspitze von der Sonne kitzeln.

Der Weg führt uns auf dem rechten Flussufer ein kurzes Stück nach oben, wo wir auf eine Forststraße treffen. Dieser folgen wir nach links. Ein Felsen mit einem prominenten Marterl markiert auf der linken Seite den Abzweig in die Rappinschlucht, eine inte-

1990 war die in ganz Mitteleuropa heimische Buche Baum des Jahres. Mit einem Anteil von 30 Prozent der Gesamtwaldfläche ist sie bis auf eine Höhe von 1800 Metern anzutreffen. Der ehemals hohe Stellenwert der Buche dokumentiert sich in über 1500 Ortsnamen. Die Germanen warfen zu ihrer Zeit Buchenholzstöckchen, um daraus Zeichen zu lesen.

Für die Seele

Strahlkraft Wasserfall – während wir mit den Füßen im Wasser die Energie spüren, breitet sich Ruhe in uns aus.

Erfrischungstour 16

ressante, aber nicht ganz einfache Alternative des Rückwegs. Gleich zu Beginn gewinnt der Weg deutlich an Höhenmetern, der Bach verschwindet in der Schlucht und der Weg wird immer luftiger und abschüssiger Richtung Tal. Nur wer trittsicher und schwindelfrei ist, sollte diesen Rückweg nutzen. Auf unserem Weg zum Wasserfall schlendern wir über einen Forstweg und nähern uns der Lainlalm ❷. Man muss Glück haben, denn nur in den Sommermonaten und dann auch nur sehr unregelmäßig wird köstlicher Kuchen liebevoll von der Sennerin kredenzt.

In jedem Fall verlassen wir direkt an der Hütte den Hauptweg und biegen rechts durch das Gatter auf den Wiesenanger, eine moorige Sumpfwiese, ab. Sanft wiegt sich das Wollgras im Wind, während ruhig der Glasbach neben uns mäandert. Über einen kleinen Steg gelangen wir über einen Steig direkt an den Talschluss. Aus dem sanften Bachgurgeln wird ein Trommelfeuer, als sich der famose Wasserfall endlich vor

Zum Glasbach Wasserfall

Wasserfall

unseren Augen öffnet. Über mehrere Felskanten stürzt sich der **Glasbach Wasserfall** ❸ in die Tiefe, um sich in einer blauen Gumpe zu sammeln.

Schnell sind Schuhe und Strümpfe ausgezogen und die Füße genießen das kühle nasse Element. Sanft spritzt die Gischt als feiner Nebel auf unsere Wangen. Wasser ist etwas Faszinierendes. Weich und zugleich kraftvoll, sanft und doch so gewaltig. Auf unserer Wanderung wird die Vielfalt seiner Aggregatszustände deutlich. Sind wir im Sommer unterwegs, fehlt es nur am Eis.

Der Rückweg entspricht dem Hinweg, allerdings werfen wir noch einen Blick auf die alten Fundamentsteine einer früheren Almhütte. Die versteinerten **„Kuhtrittmuscheln"** ❹, sogenannte Megalodonten aus

Fossilien in den Alpen, sogenannte Megalodonten, sind Riesenmuscheln aus dem erdgeschichtlichen Zeitalter der Trias, das 200 bis 230 Millionen Jahre zurückliegt. Diese Muscheln kamen im gesamten Urmeer vor. Heute findet man sie als Makrofossilien im Dachsteinkalk.

Erfrischungstour 16

der Triaszeit, sollte man gesehen haben. Diese befinden sich 12 Meter nordöstlich der Lainlalm-Hütte auf der Wiese.

Auf unserem Rückweg gibt es nur eine Stelle, an der wir gut aufpassen müssen. 500 Meter hinter dem hölzernen Gefährten zweigt unser Weg etwas unscheinbar nach rechts ab. Ein Schild mit der Aufschrift „Jachenau" ist zwar vorhanden, doch auch leicht zu übersehen, wenn man verzaubert von der Natürlichkeit der Landschaft seine Gedanken schweifen lässt.

Angekommen am Parkplatz, bietet sich zum Abschluss eine Einkehr im *Jachenauer Schützenhaus* ❺ an, wo man sich für die Wanderung kulinarisch belohnen kann.

Mein ganz persönlicher kulinarischer Genusstipp ist ein großes Glas echter Almbauernbuttermilch im Jachenauer Schützenhaus.

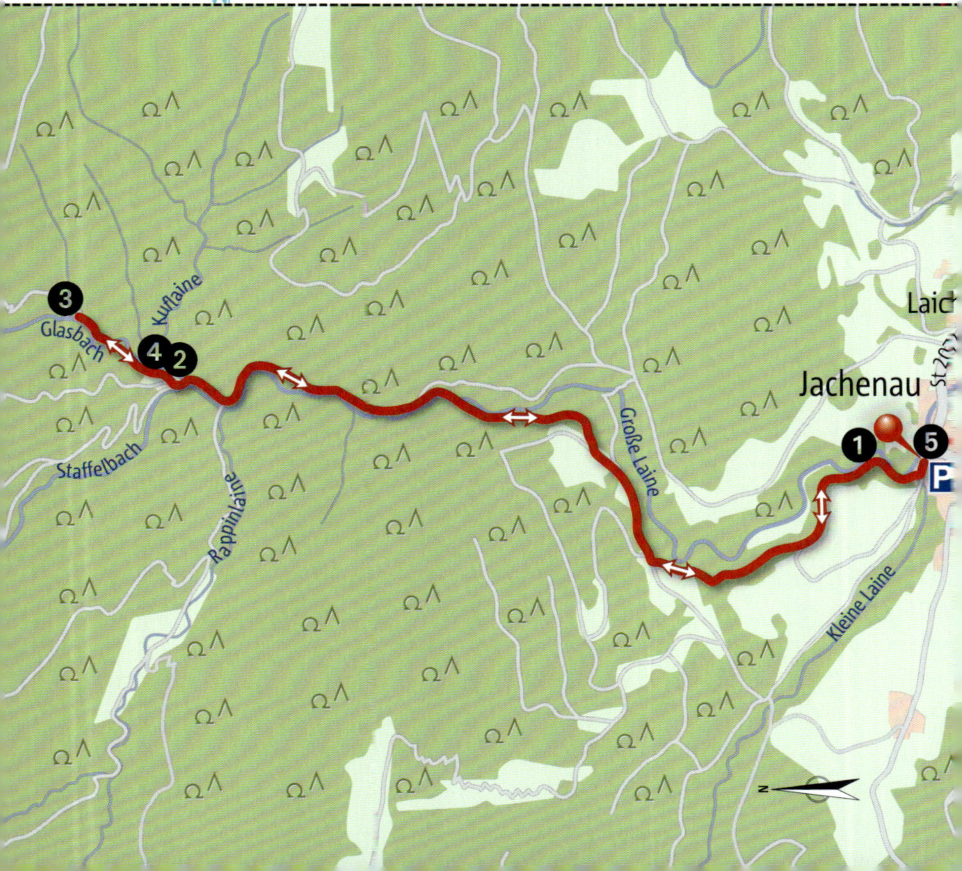

Alles auf einen Blick

WIE & WANN:
Gemütliche Waldpfade, Wiesenwege und ein Stück Forststraße.
Ganzjährig zu empfehlen, besonders im Herbst, wenn alle Blätter bunt sind,
oder im Sommer für eine kühle Erfrischung im Wasser.

HIN & WEG:
Auto: Schützenhausparkplatz, Ortsmitte, 83676 Jachenau (Tagesgebühr 2 Euro)
(GPS: 47.6061466, 11.4334008)
ÖPNV: Mit der BOB bis Bf. Lenggries, dann mit Bus 9595 bis Jachenau-Dorf Post

ESSEN & ENTSPANNEN:
Es empfiehlt sich eine Jause im Rucksack. Einige schöne Rastplätze finden sich auf der Strecke.
Jachenau Schützenhaus ❺ Dorf 7, 83676 Jachenau, Tel. (0 80 43) 3 03
www.jachenau.de/schuetzenhaus-jachenau
Lainlalm ❷ Berg 3, 83676 Jachenau, Tel. (0 80 43) 3 31

ENTDECKEN & ERLEBEN:
Große Laine ❶
Glasbach Wasserfall ❸
„Kuhtrittmuscheln" ❹

Entspannung ★★★★✦
Genuss ★★★★✦
Romantik ★★★★✦

- ❄ 4,5 Kilometer
- ❄ 150 Höhenmeter
- ❄ 1,5 Stunden
- ❄ Rundweg

Erfrischungstour 17

Schritt für Schritt in Richtung Regenbogen. Nach diesem Motto geht es am **Warmfreibad Werdenfels** los, direkt am Farchanter Skilift, von wo aus wir ein Stück Straße Richtung Ort zurückgehen. Ein trockengelegtes Floß zeigt uns einerseits den Einstieg zum **Waldlehrpfad** ❶, dem wir folgen, gleichzeitig erinnert es an die Geschichte der Flößerei, einen der ältesten Transportberufe. Bis zum Beginn der Industrialisierung Anfang 1900 wurden auf diese Weise Waren und Baumaterialien aus den Bergen über die Loisach nach München transportiert. Wir queren eine kleine Wiese mit Skilift und tauchen ein in die Kühle des Waldes, der nicht nur kleine Entdecker an den unterhaltsamen Mitmachstationen begeistert. Ob wir wirklich alle Fragen richtig beantworten können, während wir gemütlich die 1 Kilometer Walderlebnispfad bis zum **Kuhfluchtgraben** hinüberwandern?

Kaum vorstellbar, dass unter unseren Füßen ein Tunnel seit dem Jahr 2000 den Verkehr unterirdisch aus Farchant fernhält. Ein Geschenk an Mensch und Natur, denn man sieht und hört nichts von der Verkehrsanbindung von München nach Garmisch-Partenkirchen. Kein Lärm, keine Abgase, nichts stört den Naturgenuss.

Anschließend gilt: Mutige vor, denn das Wasser des **Kneippbeckens** ❷ rechts der Wegkreuzung am Kuhfluchtgraben ist erfrischend kalt.

Hierher werden wir auf unserem Rückweg wieder zurückkommen. Doch jetzt beginnt der **Königsweg**.

Zur Namensgebung der Kuhflucht Wasserfälle gibt es zwei Theorien. Die erste lautet, dass sich der Name von „confluctum" (lateinisch: Zusammenfluss) ableitet. Damit ist der Zusammenfluss mit der Loisach gemeint. Die zweite, dass der Name Kuhflucht von Kuhflack stammt. Auf ihrem Lieblingsplatz „flacken" (bayerisch: liegen) die Kühe den ganzen Tag.

Einmalige Aussicht
Zu den Kuhflucht Wasserfällen

Erfrischungstour 17

Ein gut befestigter Pfad führt, dem abwärts sprudelnden Wasser entgegen, sanft den Berg hinauf. Der Name des so beschilderten Königsweges ist auf den bayerischen König Max II. zurückzuführen. Auf seiner Wanderung 1858 von Lindau nach Berchtesgaden kam er bei einem kleinen Abstecher auch an den Kuhflucht Wasserfällen vorbei. Ob er bis hinauf zum schönsten Aussichtspunkt gestiegen ist, ist nicht wirklich nachzuvollziehen.

Sanft schlängelt sich der Weg den Berg hinauf. Rauschend und gurgelnd lädt der Gebirgsbach an vielen Stellen zu einer kleinen Rast ein. Schuhe aus und die Füße ins kühle Nass. Ein seltsam anmutender Unterstand sorgt für Fragezeichen. Ob der Stamm den riesigen Felsen wirklich stützen kann? Diese Frage ist ebenso zeitnah geklärt wie die Herkunft des seltsam faden Geruchs, der uns in die Nase steigt. In den brüchigen Schichten der Kalkfelsen hat sich vor über 200 Millionen Jahren Faulschlamm angesammelt und ist versteinert. Durch Witterung und Zeit wird das Gestein porös und bröckelt. Schwefelhaltige Gase können entweichen und den Geruch nach faulen Eiern freisetzen. Je höher die Außentemperatur, umso höher auch die Konzentration des völlig unbedenklichen, aber nicht angenehmen Geruchs. Eine genaue geologische Erklärung über dieses Phänomen finden wir auf einer ausführlichen Tafel.

Abwechslungsreich in der Optik geht es weiter den Berg hinauf. Hinter jeder Biegung wartet ein neuer Ausblick auf die spektakulären Wasserspiele eines der größten Wasserfälle in Deutschland. Ein letztes steiles Stück und die obere **Brücke** ❸ ermöglicht uns einen freien Blick auf die tosenden **Kuhflucht Wasserfälle.** Ein Feuerwerk an Farben zaubern die sich brechenden Sonnenstrahlen in der fein aufstiebenden Gischt. Wohin man schaut, glitzern Regenbögen an Stellen, an denen das Wasser von mehreren Seiten über Kaskaden strömt und sich unten wild brausend vereint.

Mit welchen Kräften die Massen des Gebirgs-

Das Estergebirge ist eines der größten zusammenhängenden Karstgebiete in den Bayerischen Alpen und liegt zwischen Loisach- und Isartal. Die wichtigste Karstquelle fließt über die Kuhflucht Wasserfälle in die Loisach.

Kuhflucht Wasserfall

Für die Seele

Auf der Holzbrücke stehen, den Regenbogen in der Gischt bestaunen, wenn sich im Sprühnebel der herabstürzenden Wassermassen die Sonnenstrahlen brechen.

Philosophenweg

Zu den Kuhflucht Wasserfällen

bachs unterwegs sein können, berichten Hinweisschilder, die auf die Gefahren der Naturgewalten verweisen. Denn so traumhaft schön die Wassermassen im Anblick sind, sie bergen durch ihre Kraft auch eine Vielzahl an Gefahren, die man nicht unterschätzen sollte. Für uns geht es noch ein kleines Stück hinter der Brücke weiter. Der Pfad wird schmaler und deutlich steiler, doch es lohnt sich, den Abstecher zur ersten Aussichtskanzel ❹ aufzusteigen.

Nun mutiert unsere Wanderung ein bisschen zu einer Bergtour. Ohne Beschilderung geht es weiter in steilen Kurven den Berg hinauf. Gut 30 Wanderminuten sind wir unter mächtigen Föhren unterwegs, bis ein sich himmlisch anmutender Rastplatz eine großartige Aussicht offenbart. Harzig steigt uns der Duft der Nadelholzgewächse in die Nase.

Die Zugspitze ragt majestätisch über dem uns zu Füßen liegenden Garmisch-Partenkirchen und dem südlichen Loisachtal auf. Schier unendliche Stille breitet sich aus. Kein Stress, dafür jede Menge Zeit, um diesen erhebenden Augenblick zu genießen. Hier oben scheint die Zeit stillzustehen.

Wie für viele andere prominente Aussichtspunkte ❺ sind der frühe Morgen oder spätere Nachmittag auch hier eine besonders schöne Zeit. Dann, wenn das Licht weich ist und die Mittagssonne keine harten Schatten wirft, liegt über der Landschaft ein ganz besonderer Zauber. Ein Vorteil der Mittagszeit hingegen ist der hohe Stand der Sonne, der auf diese Weise die volle Strahlkraft der Wasserfälle entfaltet.

Auf demselben Weg, auf dem wir gekommen sind, geht es nun zurück ins Tal. Eine kurze Pause am Bach sorgt für ein Gefühl von „Augenblickseligkeit". Ein warmer Fels in der Sonne, die leisen Stimmen unsichtbarer Waldbewohner und der Ausblick auf massives Gestein schenken Ruhe und sorgen so für eine gelungene Auszeit vom Alltag in der Natur.

An der Gabelung zum Walderlebnispfad nehmen wir die Brücke nach rechts über den Kuhfluchtgraben

Blick auf die Zugspitze

Erfrischungstour 17

Philosophierend unterwegs ist, wer am Parkplatz den Weg nach rechts einschlägt zu einem panoramareichen Spazierweg mit Zitaten berühmter Philosophen, herrlichem Ausblick über Partenkirchen und das Ammergebirge. Fast eben schlängelt sich der Weg romantisch am Hang.

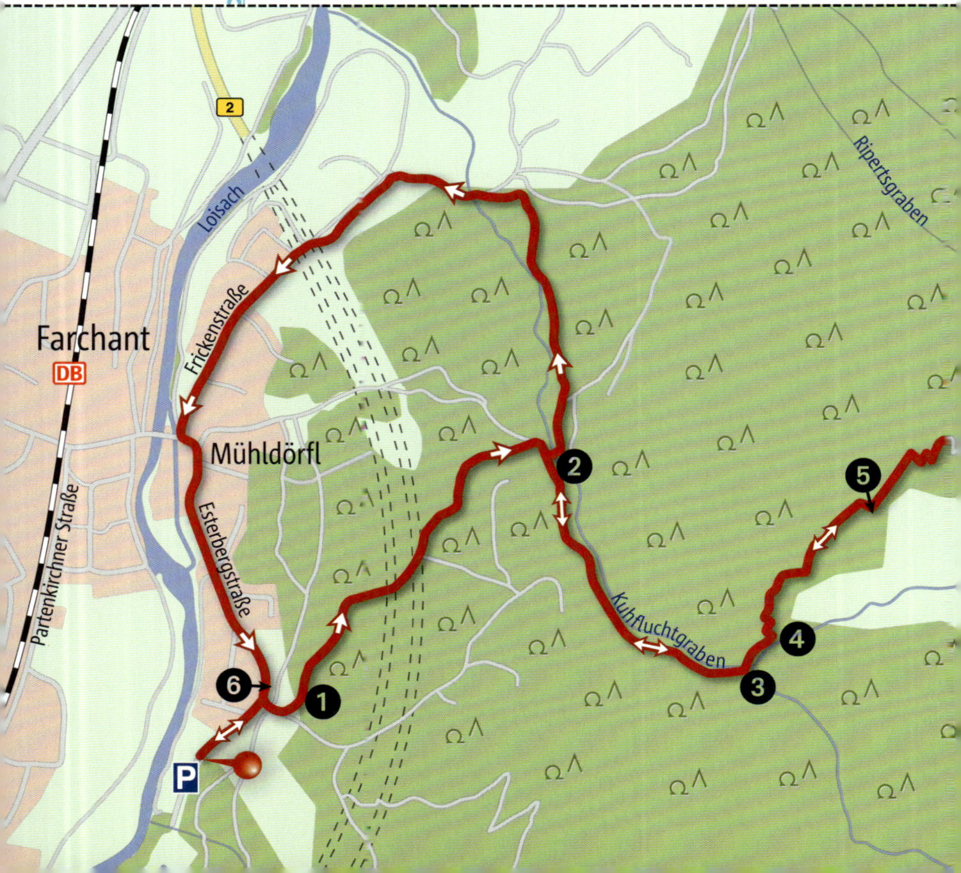

und gelangen auf eine weiche Wiese, auf der wir Richtung Farchant schlendern. Welche Bedeutung der vor uns liegende Steinkreis wohl haben mag? Weich federt der Wiesenboden bei jedem Schritt. Schnell wird klar, warum sich Kühe in dieser Umgebung so wohlfühlen. Unser Weg führt uns am Ende vorbei am Sportplatz direkt an der **Loisach** entlang. Von Weitem ist die Brücke sichtbar. Kurz müssen wir unseren Wiesenpfad verlassen, folgen der Esterbergstraße, die zum Warmbad ausgeschildert ist.

Gegenüber der kleinen **Kapelle St. Anna** können wir den Uferweg fortsetzen. Doch auch der Straße zu folgen, ist für alle Hungrigen sinnvoll. Eine Pizza aus dem Holzofen auf der Sonnenterrasse bei **Da Nico** ❻ rundet unsere genussvolle Tour ab.

Alles auf einen Blick

WIE & WANN:
Leichte, teils schattige Runde auf schmalen Pfaden, ausgebauten Wanderwegen und einem kleinen Stück geteerter Straße. Im Sommer, der besten Wanderzeit, lohnt eine Abkühlung im spritzigen Kuhfluchtgraben.

HIN & WEG:
Auto: Parkplatz am Warmfreibad Farchant, Esterbergstraße 50, 82490 Farchant (GPS: 47.5238923, 11.1175421)
ÖPNV: Mit der Regionalbahn von München Richtung Garmisch bis Bf. Farchant

ESSEN & ENTSPANNEN:
Es empfiehlt sich eine Jause im Rucksack. Einige schöne Rastplätze finden sich auf der Strecke.
Pizzeria Da Nico ❻ Esterbergstraße 37, 82490 Farchant, Tel. (0 88 21) 6 87 18, www.pizzeria-nico.de

ENTDECKEN & ERLEBEN:
Waldlehrpfad ❶
Kneippbecken ❷
Brücke ❸
Aussichtskanzel ❹
Aussichtspunkte ❺

Entspannung ✦✦✧✧✧
Genuss ✦✦✦✦✧
Romantik ✦✦✧✧✧

Erfrischungstour 18

Wir starten gemütlich vom Parkplatz und folgen der **Rundwegbeschilderung** über einen breiten Feldweg. Markierungen, die den Weg definieren, gibt es nicht. Regelmäßig aber findet man Tafeln, auf denen die gesamte Region mit allen nummerierten Wegen abgebildet ist, weitere Beschilderungen sind nicht vorhanden.

Sanft erheben sich rechts von uns grüne Hügel, die den Pferden als saftige Weide dienen. Eine kleine Brücke sorgt besonders im Sommer für Erstaunen, denn dann führt der normalerweise plätschernde Steinbach kein Wasser. Rechts und links wird hohes Schilf zu unserem Weggefährten und vermittelt uns einen Eindruck von der feuchten Beschaffenheit der Region.

Der kleinen Straße Am Brücklein, auf die wir nach 100 Metern treffen, folgen wir nach rechts. Ein kurzer Abstecher zwischen Fohnsee und großem Ostersee führt uns zur **Blauen Gumpe** ❶. Ein Steg eröffnet den Blick in die Tiefe des Quelltrichters. Grundwasser von bester Qualität speist hier den See. Fast schon mystisch mutet es an, durch die schimmernde blaue Tiefe direkt auf den kristallklaren Seegrund zu blicken.

Zurück auf dem **Hauptweg**, folgen wir der geteerten **Privatstraße Richtung Lauterbach.** Ein paar vereinzelte Radfahrer und ganz selten mal ein Auto stören, wenn überhaupt, das Summen der Bienen und Zirpen der Grillen.

Auf Höhe des **Guts Schwaig** verlassen wir die Teerstraße nach rechts und gehen weiter auf dem **Lauterbacher Seeweg.** Nach einem Wald- und Wiesenstück er-

Die Osterseen speisen sich durch Grundwasser aus einer ganzen Reihe von Quelltrichtern, wie der Blauen Gumpe. Die thermische Situation der Seen ist geprägt vom zuströmenden sommerkalten und winterwarmen Grundwasser.

Spuren der Eiszeit
Rund um die Osterseen

Erfrischungstour 18

Panoramablick in die Alpen

Die Osterseen sind ein einzigartiges Biotop südlich des Starnberger Sees, das unter Naturschutz steht. Über 20 kleinere und größere Seen sind hier in der Würmeiszeit vor rund 17.000 Jahren entstanden und bis heute erhalten geblieben.

öffnet sich uns von oben ein schöner Blick auf den Ostersee mit seinen kleinen Inseln und Buchten. Auch lohnt sich hin und wieder ein Schulterblick, da immerzu andere inspirierende Perspektiven entstehen.

Beeindruckend, was für eine wunderschöne und abwechslungsreiche Landschaft die Natur vor Tausenden von Jahren hier geformt hat. Wen wundert es da, dass die Region bereits seit 2006 das vom bayerischen Umweltministerium verliehene Gütesiegel „Bayerns schönste Geotope" trägt.

Der Komplex aus Nieder- und Hochmooren, Wäldern und moorigen Seen, der an vielen Stellen einen wundervollen Blick auf die Gebirgskette der Alpen freigibt, ist nicht nur entspannend schön, auch für unser Klima ist der Schutz dieser kleinen „Tränen" im Moor, wie die Osterseen liebevoll genannt werden, von großer Relevanz.

Das Seegrundstück gehört der privaten Herzklinik Lauterbacher Mühle, die wir rechts liegen lassen und wieder kurz auf die Teerstraße wechseln.

Durch bunten Mischwald folgen wir für 700 Meter der Zubringerstraße für die Lauterbacher Mühle. Der Verkehr hält sich glücklicherweise sehr in Gren-

Rund um die Osterseen

zen und schnell biegen wir nach rechts auf eine **wunderschöne Moorwiese** ❷ ab. Wir haben das Nordende der **Iffeldorfer Osterseen** erreicht. Eine Bank lädt zum Verweilen, Energietanken und Genießen ein. Hier kann der Blick über die Seen in die entfernten Berge schweifen, bei klarer Sicht heben sich Heimgarten, Herzogstand und die Benediktenwand ganz deutlich vom blauen Himmel ab. Überall summt, duftet und zwitschert es. Libellen in unterschiedlicher Farbe und Größe schwirren geschäftig durch sanft im Wind waberndes Schilf.

Genauso fühlt es sich an, nachhaltig zur Ruhe zu kommen und eine ganz persönliche Auszeit in unberührter Natur zu genießen.

Wir folgen dem Weg über saftige Wiesen – festes Schuhwerk sorgt für trockene Füße – und biegen am Bahndamm rechts auf einen schmalen Pfad ab. Lich-

Rund um die sogenannten Toteisseen lassen sich viele Libellen, Erdkröten und Bergmolche, aber auch mit etwas Glück Haubentaucher, Fluss-Seeschwalben und Kreuzottern beobachten. Seltene Blumen wie das Sumpf-Herzblatt und das sanft im Wind rauschende Schilf sind äußerst sehenswert.

Fohnsee

❀ Für die Seele

Karibische Wasserfarben, blühende Moorwiesen und Bäume, die dramatisch über die Wasseroberfläche hinauswachsen. Dazu tolle Ausblicke in die Alpen!

Erfrischungstour 18

ter Wald und Schilfgürtel wechseln sich ab, bevor eine **großzügige Badestelle ❸** wieder freien Blick auf den großen Ostersee bietet. Im Winter ist dieser Platz Quartier für die Graugänse, im Sommer bietet die großzügige Wiese allen Liebhabern der Freikörperkultur ein fast blickgeschütztes Refugium.

Wir bleiben oberhalb auf dem Feldweg. Links befindet sich das **Gut Aiderbichl ❹**, ein Gnadenhof für Tiere. Auch einen weitläufigen, ebenfalls kostenpflichtigen Parkplatz gibt es hier für alle, die die Rundtour an einer anderen Stelle starten möchten.

Direkt am Waldrand macht der Pfad einen 90-Grad-Knick auf einem schmalen Weg zwischen Bäumen und Wiesen hinunter an den See. Die FKK-Wiese bleibt unberührt von unseren Blicken hinter uns liegen, da es links weitergeht, über schmale Pfade, sanfte Wurzelsteige und immer im Blick das Blau des Sees. Eigentlich möchte man an jeder Wegbiegung anhalten, dem Rauschen der Blätter lauschen und den Moment der Vollkommenheit im Farbenspiel von Licht, Wald und See spüren.

Achtsam gehen wir die gewundenen Pfade durch bunten Mischwald. Vorbei an Schilfwänden und dramatisch über die Wasseroberfläche gewachsenen

Gut Aiderbichl ist ein ideales Ausflugsziel für die ganze Familie. Mehr als 300 gerettete Tiere erhalten hier einen würdevollen Lebensabend. Katzen, Hunde, Pferde, Esel und die Kameldame Franziska sorgen für unvergessliche Momente.

Rund um die Osterseen

Bäumen, immer am Wasser entlang. Je nach Stand der Sonne taucht das Licht die Wasseroberfläche in faszinierende Farben. Weshalb die Osterseen auch als bayerische Karibik bezeichnet werden, wird nun schnell klar.

Eine schmale Holzbrücke lässt uns den kleinen Zulauf von einem See in den anderen überwinden. Der Weg führt über einen ruhigen Campingplatz für Dauercamper, bevor eine attraktive **Liegewiese ❺** zum Verweilen einlädt.

Vereinzelt stehende, skurril geformte Bäume spenden Schatten und der Duft von frischem Steckerlfisch weht aus dem **Waldhaus am Fohnsee ❻** herüber. Auf der gemütlichen Sonnenterrasse lässt sich das süße Nichtstun mit allen Sinnen und einer Tasse Kaffee perfekt erleben.

Erfrischungstour 18

Das letzte, ausgesprochen aussichtsreiche Stück Weg mit **Blick über den großen Ostersee zu den Alpen** ❼ verläuft auf einer geteerten Straße, vorbei an ein paar Häusern, direkt hinunter an den kleinen Sengsee.

Oberhalb sehen wir die sonnige Terrasse des **Landgasthofs Osterseen** ❽ und die St.-Vitus-Kirche. Wer mag, findet neben warmer Küche auch einen wunderschönen Ausblick von Süden über die Seenlandschaft oder einen kurzen Moment der inneren Einkehr in der Kapelle. Von hier führt uns eine Treppe direkt wieder zurück zum Ausgangspunkt am Parkplatz. Einem gemütlichen Kaffee am bunten **Kiosk Osterseelchen** ❾ steht nichts mehr im Weg. Der Kuchen hier ist selbst gebacken und schmeckt köstlich, das sollte man sich nicht entgehen lassen.

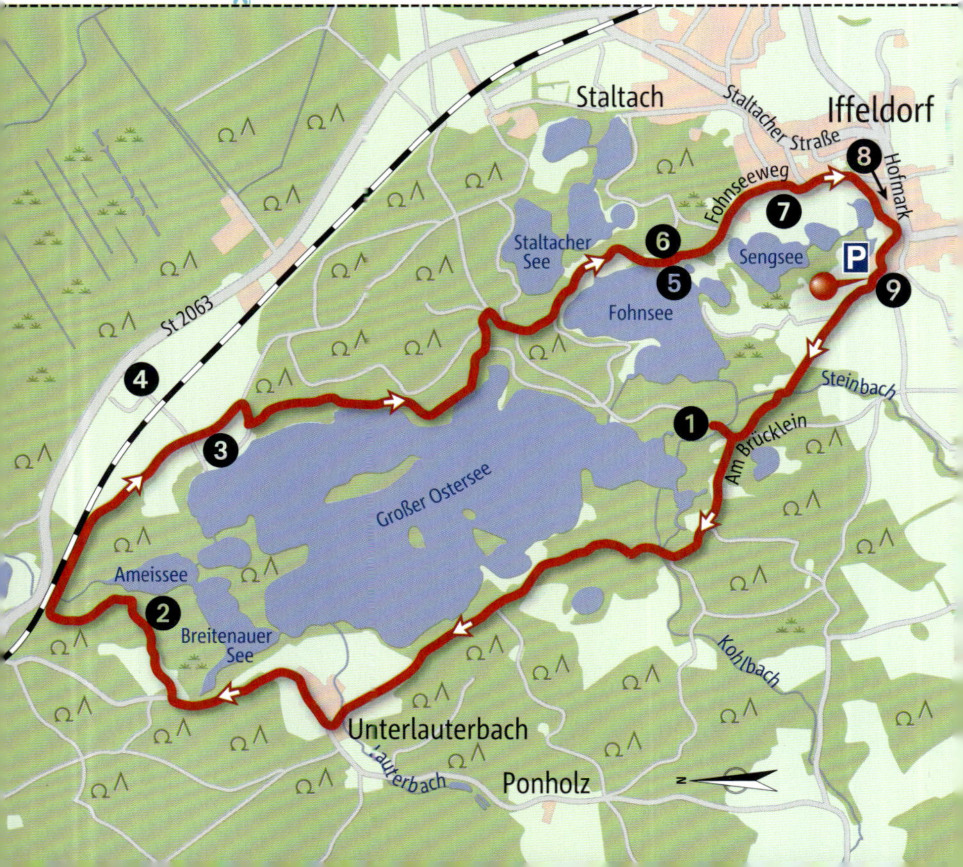

Alles auf einen Blick

WIE & WANN:
Gemütliche Rundwanderung auf Waldpfaden, Wiesenwegen und kurzen Teerstücken. Der Weg ist ganzjährig begehbar und hält zu jeder Jahreszeit herrliche Ausblicke bereit. Nicht empfehlenswert, wenn extrem viel Schnee liegt.

HIN & WEG:
Auto: Parkplatz Ostersee, Angerstraße, 82393 Iffeldorf (gebührenpflichtig) (GPS: 47.772437, 11.315430)
ÖPNV: Mit der Kochelseebahn von München Richtung Garmisch bis Bf. Iffeldorf/Staltach. Einstieg in die Tour am Ostufer

ESSEN & ENTSPANNEN:
Waldhaus am Fohnsee ❻ Fohnseeweg 30, 82393 Iffeldorf,
Tel. (0 88 56) 6 09 42 77, www.fohnseestueberl.de
Landgasthof Ostersen ❽ Hofmark 9, 82393 Iffeldorf,
Tel. (0 88 56) 9 28 60, www.landgasthof-ostersen.de
Osterseelchen ❾ Angerstraße, 82393 Iffeldorf (direkt am Wanderparkplatz),
Tel. (01 79) 9 79 35 89, www.osterseelchen.de

ENTDECKEN & ERLEBEN:
Blaue Gumpe ❶
Moorwiese ❷
Badestelle ❸
Gut Aiderbichl ❹ Osterseehof 1, 82393 Iffeldorf
Liegewiese ❺
Wegstück mit Alpenblick über den großen Ostersee ❼

Entspannung ✹✹✹✹✹
Genuss ✹✹✹✹✹
Romantik ✹✹✹✹✹

- ❋ 13 Kilometer
- ❋ 140 Höhenmeter
- ❋ 3,5 Stunden
- ❋ Rundweg

Erfrischungstour 19

Unsere Wanderung beginnt am Wanderparkplatz gegenüber dem Rathaus von **Bad Heilbrunn.** Wir halten uns hinter dem Madonnenbrunnen links und folgen dem Abt-Walther-Weg, einem etwas in die Jahre gekommenen kleinen Weg, der uns sanft bergab leitet, mit traumhaft schönem Ausblick über Moore und Wiesen. Nach 650 Metern biegen wir leicht links und direkt danach wieder rechts ab in den Lindenweg. Hierher werden wir am Ende unserer Wanderung, nach einem erfrischenden Bad im Schönauer Weiher, zurückkehren.

Auf unserem Weg, gesäumt von sonnigen Wiesen mit blühenden Apfelbäumen, schlendern wir vorbei am **Café Waldrast** ❶ und tauchen ein in einen hellen Mischwald. Ein Duft von frischem Grün empfängt uns, dazu herrliches Vogelgezwitscher, hier können wir die Natur tief in uns spüren. Rechter Hand lädt uns eine Bank zum Ausruhen ein, doch wir folgen der jetzt geteerten Straße und biegen Richtung Schönau ab. An einem Kuhstall markiert uns eine einzeln stehende, knorrige Eiche den kleinen Feldweg. Selbst wenn wir diesen Wegweiser übersehen hätten, das grüne Schild „Klima Rundwanderweg Richtung Reindlschmiede" leitet uns. Auf schottriger Piste geht es durch eine Schonung aus markanten Baumruinen und jungen Tannen. Am Fuße des kleinen Hügels folgen wir 200 Meter dem schmalen Weg parallel zur Landstraße, queren diese und erreichen an einer kleinen Brücke linker Hand neben dem Maibaum den

Wasserwege
Die Loisachrunde

Erfrischungstour 19

Namenlose Kirche

Der Herzogstand in den Bayerischen Alpen ist 1731 Meter hoch. Dem Estergebirge vorgelagert, bietet er einen traumhaften Blick auf Walchensee und Karwendel. Dieser Meinung waren bereits seine Namensgeber, die Bayernherzöge Wilhelm IV. und Ludwig X. Auch König Ludwig II. liebte den Berg und ließ hier ein Jagdschloss, das sogenannte Königshaus, bauen.

Landgasthof Reindlschmiede ❷. Ein willkommener Ort für eine wohlverdiente Einkehr, die aber besser auf der Rückweg unserer genussvollen, wasserreichen Runde passen würde.

Der Reindlbach wird zu unserem Begleiter, während wir der ruhigen Straße 800 Meter folgen. Nachdem wir die ersten Häuser des Örtchens **Mürnsee** erreicht haben, leitet uns der grüne Wegweiser „Loisachrundweg" nach links.

Wir passieren eine **kleine weiße Kirche ❸**, die sich prominent in unseren Blick schiebt. Diesen Augenblick aufsaugend, führen wir unsere Wanderung fort. Am Ende des Weilers **Kiensee** wendet sich der Weg nach rechts, wird zum breiten Wiesenweg und eröffnet uns einen traumhaft schönen Ausblick über weite, saftige Wiesen mit dem Alpenpanorama von Jochberg, Herzogstand und Heimgarten im Hintergrund.

Waldmeisterlich blüht der Bärlauch mit bunten Wiesenblumen um die Wette. Es ist die Ruhe, die verzaubert und von nichts unterbrochen wird, außer dem leisen Plätschern des Bachs und dem munteren Vogelgezwitscher. Die Farbe des Reindlbachs zeigt uns, dass

Die Loisachrunde

wir uns in moorigem Gebiet befinden. Weiß leuchten die Stämme der Birken, während wir über eine kleine Brücke den Bach überqueren. Eine lang gezogene Kurve, von deren Höhepunkt sich ein Abstecher nach links an den Fluss lohnt. Hier treffen sich **Reindlbach und Loisach** ❹. An dieser Stelle entsteht ein farblich imposantes Schauspiel, wenn sich das moorig braune Wasser in das weißkalkige Blau der Loisach ergießt.

Rechts das Moor und links die Loisach, genussvoll mäandert der Feldweg durch diesen sonnengefluteten Abschnitt. Einzig zwei monströs aufragende Strommasten könnten unsere Exkursion stören. Das Ende eines hohen Fichtenwaldes lässt uns zu einem entspannten Abenteuer auf einen kleinen Wurzelsteig links vom Hauptweg abbiegen.

Unser Weg verbreitert sich erneut und gibt den Blick auf **rasante Stromschnellen** ❺ frei. Ein Seitenarm aus dem Wasserkraftwerk Schönmühl gesellt sich wieder zur Loisach, an der wir weiter entlangschlendern. Zwei alte Eichen lassen uns, dem Wegweiser folgend, rechts abbiegen. Ob der schreiende Kuckuck den Weg kennt?

100 Meter später spüren wir nach links abbiegend den Teer einer kleinen Straße, die uns zu den drei Häusern in Unterkarpfsee führt. Als Markierung dient nun eine Bushaltestelle, an der wir die Straße auf einem kleinen Feldweg nach rechts

Für die Seele

Die Dynamik des fließenden Wassers verwöhnt unsere Seele auf dieser ruhigen Runde.

Erfrischungstour 19

Schönauer Weiher

verlassen. Ab jetzt ist unser Weg zur Reindlschmiede wieder grün beschrieben. Der letzte Kilometer kommt uns bekannt vor. Jetzt ist der passende Zeitpunkt für kulinarische Genießer gekommen. An einem der sonnenbeschienenen Tische vor dem Gasthaus Reindlschmiede kann man eine entspannte Pause bei regionalen Köstlichkeiten erleben.

Frisch gestärkt, überqueren wir nun die Landstraße, um direkt hinter dem kleinen Weiler der grünen Beschilderung in Richtung Schönauer Weiher, Bad Heilbrunn nach links zu folgen.

Mit dem Reindlbach kommt uns unser Wegbegleiter nun entgegen. Dunkelbraun „murmelt" sich das Wasser durch weite Schleifen, welche der Bach in den Untergrund gegraben hat. Etwa 1,5 Kilometer bleiben wir auf dem breiten Feldweg. Am Wegesrand wechseln sich Moorlandschaft und blühende Wiesen ab. Eine kleine Holzbrücke erlaubt uns, trockenen Fußes den Stallauerbach, einen kleinen Seitenarm unseres Begleitbachs, zu überqueren. 800 Meter lang spüren wir weichen Waldboden und saftige Wiesen unter den Schuhen, ehe der Schönauer Weiher ❻ vor uns auftaucht. Ist es warm genug, dann lädt das Naturfreibad mit breiter Liegewiese und einem kleinen Kiosk zu einer gemütlichen Baderunde ein. Der Weiher ist zwar moorig braun, aber trotzdem

Die Loisachrunde

von extrem hoher Wasserqualität – ein echter Genuss. Allzu schreckhaft sollte man allerdings nicht sein, denn den See teilen sich die Schwimmer mit einigen Fischen, über die sich Angler regelmäßig freuen.

Am See vorbei folgen wir dem Weg in Richtung Bad Heilbrunn. 10 Wanderminuten lang geht es sanft bergan. Durch dichten Blätterwald mit beeindruckenden Linden und Ahornbäumen erreichen wir schließlich die Wegegabelung, an der wir zu Beginn unserer Genusswanderung gestartet sind. So folgen wir dem kleinen geteerten Pfad, vorbei am wunderbaren Ausblick über die Weite, durch die wir gerade

Erfrischungstour 19

Mehr als 400 verschiedene Kräuter, Duft- und Blühpflanzen laden bei freiem Eintritt zu purem Genuss in den Kräuter-Erlebnis-Park in Bad Heilbrunn. Angeboten werden spannende Führungen und Workshops. Zum Teil darf man die Kräuter auch probieren.

noch gewandert sind, und an einem alten, baufälligen Hotel. Es tut gut, die Hände im kalten Wasser des **Marienbrunnens** ❼ zu erfrischen.

Noch Lust auf ein Stück Kuchen, gesunde Pflanzen und ein echtes Erlebnis in Sachen Kräuterkunde gefällig? Wir lassen die Wandersachen im Auto, gehen 200 Meter die Badstraße bergauf und treffen auf den **Bad Heilbrunner Kurpark** mit seinem **Kräuter-Erlebnis-Garten** ❽. In diesem findet man über 400 Kräuter, Duft- und Blühpflanzen. Das **Bistro-Café am Kräuterpark** ❾ lockt mit köstlichen hausgebackenen Kuchen. Der Blick von der Sonnenterrasse über den Kräuterpark ist ein krönender Abschluss für unsere abwechslungsreiche Wanderung.

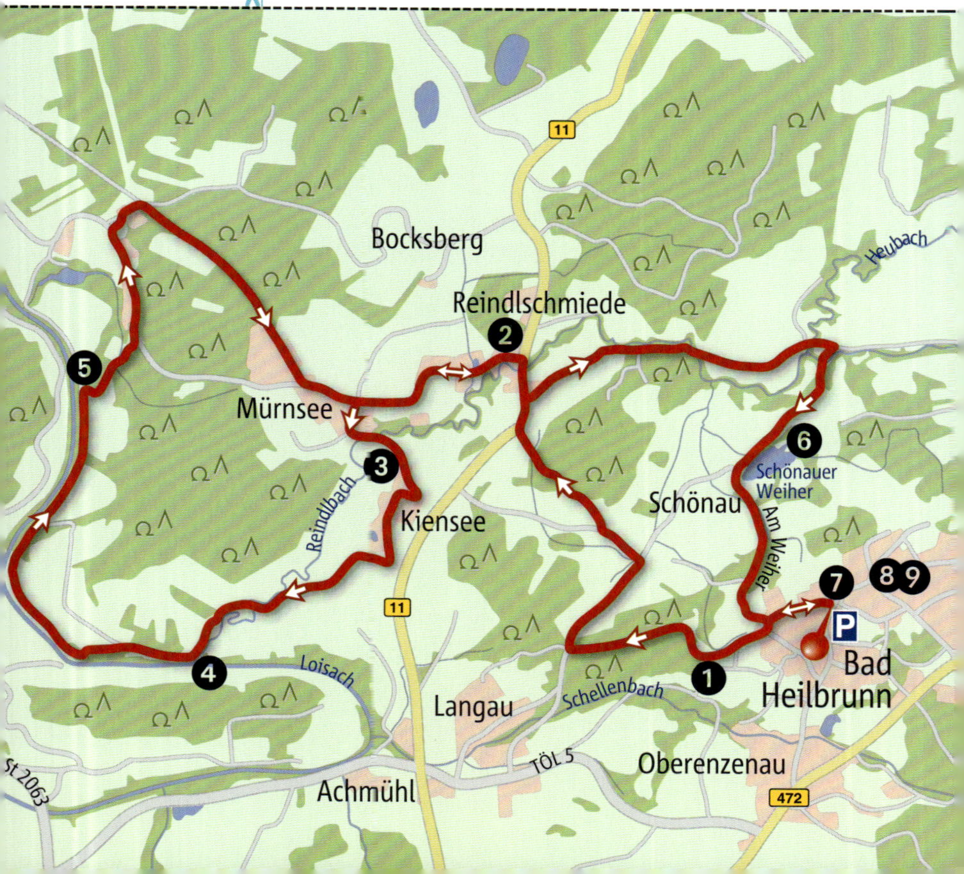

Alles auf einen Blick

WIE & WANN:
Leichte Wanderung mit breiten Feld- und Wiesenwegen, stellenweise asphaltierte Straßenabschnitte. Ganzjährig interessant. In den Sommermonaten Badegelegenheit am Schönauer Weiher.

HIN & WEG:
Auto: Parkplatz, Badstraße 3, 83670 Bad Heilbrunn (gegenüber dem Rathaus Bad Heilbrunn) (GPS: 47.746979, 11.454314)
ÖPNV: Mit dem Bus 9612 ab Bad Tölz bis Bad Heilbrunn, Kirche

ESSEN & ENTSPANNEN:
Café Waldrast ❶ Lindenweg 25, 83670 Bad Heilbrunn, Tel. (0 80 46) 13 33
Landgasthof Reindlschmiede ❷ Reindlschmiede 8, 83670 Bad Heilbrunn, Tel. (0 80 46) 2 85, www.reindlschmiede.de
Bistro-Café am Kräuterpark ❾ Wörnerweg 4, 83670 Bad Heilbrunn, Tel. (0 80 46) 1 86 41 16, www.dasbistrocafe.de

ENTDECKEN & ERLEBEN:
Kleine weiße Kirche ❸
Reindlbach und Loisach ❹
Rasante Stromschnellen ❺
Schönauer Weiher ❻
Marienbrunnen ❼ Badstraße 3, 83670 Bad Heilbrunn
Kräuter-Erlebnis-Garten ❽ Wörnerweg 4, 83670 Bad Heilbrunn

Entspannungr ✹✹✹✹✹
Genuss ✹✹✹✹✹
Romantik ✹✹✹✹✹

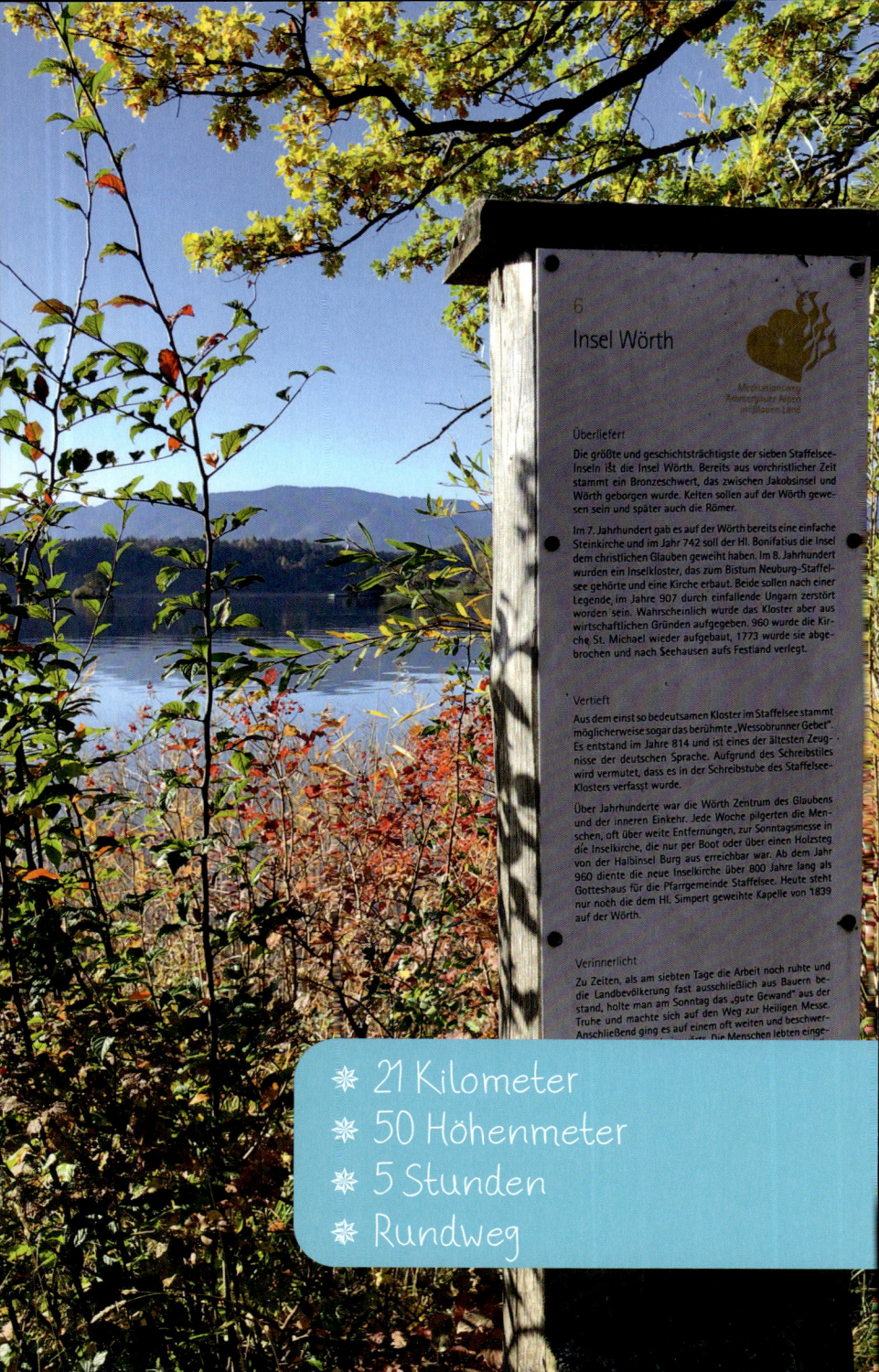

- ❋ 21 Kilometer
- ❋ 50 Höhenmeter
- ❋ 5 Stunden
- ❋ Rundweg

Erfrischungstour 20

Die Umrundung des Staffelsees, eines der wärmsten Seen Bayerns, bietet puren Genuss. Für unsere 21 Kilometer lange Wanderung ist Ausdauer durchaus gefragt, dafür sind die Ausblicke auf See und Voralpenland besonders reizvoll. Ein kurzer Abstecher an den blau schimmernden See, auf dem Enten gemütlich dümpeln, lässt den Alltag verschwinden. Wie Himmelswasser liegt er vor uns, tiefblau und spiegelglatt, der **Staffelsee.**

Nur eine Einkehrmöglichkeit befindet sich auf der langen und meist sonnigen Wanderung. Eine Brotzeit und Badekleidung entpuppen sich als hilfreicher Inhalt im Wanderrucksack.

Vom **Parkplatz Strandbad** starten wir unsere Runde entgegen dem Uhrzeigersinn. Gesäumt von hübsch gestalteten Vorgärten folgen wir der Seestraße, bis wir links in den Burgweg abbiegen. Weiße Schilder mit einem kleinen schwarzen Wandermännchen begleiten mit der **Aufschrift „gr. Staffelsee Runde"** unseren gesamten Weg. Nach 120 Metern verlassen wir die Straße und biegen rechts in den Georg-Linde-Weg ein. Gesäumt von sich sanft im Wind wiegendem Schilf schlendern wir auf eine kleine Holzbrücke zu, die den **Ferchenbach** überquert. Bootshäuser auf beiden Seiten des Wassers lassen uns innehalten und den Blick genießen.

Wir setzen unseren Weg nach links fort, passieren den Maibaum und gehen direkt auf eine zauberhafte kleine Landzunge zu. Über das im See eingemauerte

Der Staffelsee ist am Ende der letzten Kalteiszeit als sogenannter Zungenbeckensee entstanden. Dieses Becken, in dem sich der heute nur 40 Meter tiefe See befindet, wurde vom Isar-Loisach-Gletscher ausgeschürft. Durch einen Molasserücken wird der Staffelsee nach Süden vom Murnauer Moos getrennt.

Im Blauen Land
Rund um den Staffelsee

 Erfrischungstour 20

Sonnenuntergang über dem Staffelsee

Auf der Insel Wörth war bis 1773 die Seehauser Pfarrkirche beheimatet. Aufgrund des komplizierten Anfahrtswegs zum Gottesdienst – per Boot und kurzzeitig über einen kleinen Steg – wurde die Kirche abgetragen und in Seehausen wieder aufgebaut.

Metallkreuz schweift unser Blick zur **Insel Wörth** ❶. Eine der insgesamt sieben Inseln, die wie Perlen im See liegen. Bei unserer Wanderung erzeugen sie immer wieder eine ungewöhnliche Perspektive, sodass es nie ganz sicher ist, ob man das gegenüberliegende Ufer oder bloß eine Insel vor Augen hat. Wörth ist übrigens die größte der Staffelseeinseln und beherbergte im 9. Jahrhundert ein Kloster.

Wir setzen unseren Weg entlang des Ufers noch ein kleines Stückchen fort, bis wir uns am Strandbad nach links orientieren. Weniger als 500 Meter müssen wir uns gedulden, dann haben wir endlich die letzten Häuser hinter uns gelassen. Es klingt ein wenig abenteuerlich, ist aber – auch ohne konkrete Beschilderung – sehr überschaubar. Von der Straße Am Strandbad biegen wir nach links in den Roßpoint, der uns nach 50 Metern kurz links abbiegen lässt. Auf schmalem Pfad geht es in eine **historische Obstplantage** ❷. Auf Holzstegen und kleinen Brücken gehend, erfahren wir dank der Tafeln interessante Einzelheiten über Sorten, Bestände und Veredelung. Unser Abste-

Rund um den Staffelsee

cher führt uns zur Hauptstrecke zurück. Ein paar Schritte links vom Roßpoint und direkt danach rechts in die Straße Am Arnbach leitet uns der Weg nach weiteren 50 Metern links ins Äußere Seefeld. Wir sehen schon am Abzweig den Feldweg, dem wir nach rechts folgen.

Gemütlich geht es entlang zwischen Feldern und Wiesen. Der See begleitet uns und lässt ein kleines Feuerwerk an glitzernden Punkten durch die Baumreihen am Ufer sprühen. Vor uns strahlt schon weit sichtbar das **Riedener Schloss ❸**. Markant gelb und mit interessanten Zwiebeltürmchen dekoriert, befindet es sich im Privatbesitz und ist daher nicht zu besichtigen. Ein kleiner Abstecher zur direkt davor liegende **Filialkirche St. Peter und Paul ❹** lohnt sich aber.

Wir orientieren uns nach rechts, queren an der Bushaltestelle die **St2372** und folgen – leider ohne Beschilderung oder Straßennamen – dem Weg. Nach 50 Metern biegen wir nach links auf einen sanft den Hügel hinaufführenden Feldweg ab. Umgeben von Wiesen erwarten uns nach 300 Metern die Bahngleise, an denen wir uns links orientieren. Der traumhaft schöne Ausblick über den Staffelsee bis hinauf zum Hörnle und weiter in die Alpenkette entschädigt für die neben uns laufenden Schienen. 2 Kilometer genießen wir diese Aussicht, die hin und wieder dank einer Bank Lust auf eine Pause macht. Und dann ist er wieder da, unser kleiner Wanderwegbegleiter, das schwarze Männchen mit seinem Ruck-

Anfang des 20. Jahrhunderts formierte sich eine innovative Kunstbewegung, die der Moderne in Deutschland den Weg bereitete und später unter dem Namen „Der Blaue Reiter" zu Weltruhm gelangte. Seehausen war neben Murnau ein künstlerisches Zentrum der Malergemeinschaft Kandinsky, Münter, Marc, Macke und Klee im „Blauen Land".

❀ Für die Seele

Es ist die Farbe Blau, die entspannt, den Gedanken Weite gibt und uns mit purem Wohlbefinden auf unserer genussvollen Runde begleitet.

Erfrischungstour 20

sack auf dem weißen Schild. Es führt uns auf die asphaltierte Galveigenstraße hinab Richtung See. 50 Meter bleiben wir rechts auf der Murnauer Straße, bevor wir am Rastplatz nach links den schmalen Weg zum **Seerestaurant Alpenblick** ❺ nehmen. Die einzige Möglichkeit einer Einkehr auf unserer Staffelseerunde bietet uns Entspannung im Biergarten direkt am See. Frisch, leicht und regional kreativ verführt die Küche. Genuss pur bei tiefblauem See- und Bergblick. Hier entsteht ein Gefühl, das sich am besten mit „Augenblickseligkeit" beschreiben lässt. Eine kleine Abkühlung gefällig? Das **Strandbad Alpenblick** ❻ bietet das passende Ambiente.

Erfrischt und gestärkt geht es danach auf schmalen Pfaden am Ufer weiter. Im Blau des Sees liegt naturbelassen die **Insel Mühlwörth** ❼. Bei diesem Blick wird schnell klar, warum die Region Blaues Land genannt

Auszeit-Platz am Staffelsee

Rund um den Staffelsee

wird und was viele Künstler hierherzieht. Für die nächsten 3,5 Kilometer bleibt der See dauerhaft zu unserer Linken ein naher Begleiter. Die angrenzenden Moore präsentieren sich als landschaftlich besonders schön. Ein schmaler Fußweg schlängelt sich durch Schilfgürtel und angrenzende Feuchtwiesen.

Schilder finden wir an der nächsten Kreuzung leider keine. Auch wenn der Weg nach links schön anmutet, er endet – zwischen dem 1. März und 15. Oktober – sehr schnell im Naturschutzgebiet der Obernacher Wiesen und sollte zu diesen Zeiten unbedingt gemieden werden. Klettern über Baumstämme und durch moorige Felder macht zwar Spaß, dafür würde man aber brütende Vögel und Schutz suchende Wildtiere stören, und das wollen wir auf keinen Fall.

Für uns entfernt sich der Weg erst einmal vom See und führt am Tannenbach entlang. Kurzzeitig sorgen Schatten spendende Bäume für ein wenig Abkühlung, bis sich diese lichten und uns den Blick auf Wiesen und moorige Flächen offenbaren. Scharf links biegen wir auf die **Obernacher Straße** ein, um gefühlt direkt auf die Berge zulaufen zu können. Doch der Blick täuscht. Wir befinden uns am sogenannten Obersee, dem südwestlichen Teil des Staffelsees, der durch seine Moorlandschaft besticht. Seltene Pflanzen- und Tierarten können in diesem Naturschutzgebiet leicht vom Weg aus beobachtet werden. Über 4000 Insekten und andere Tiere finden hier noch ursprüngliche Verhältnisse. Mit etwas Glück gelingt es uns, Schwarzkehlchen, Sumpfrohrsänger oder Karmingimpel zu erspähen. Einen

Panoramablick über den See

Erfrischungstour 20

Wachtelkönig werden wir aber wohl nicht sehen, obwohl das Moor am Staffelsee den zweitgrößten Bestand der Bundesrepublik aufweist. Das Baden ist hier untersagt, allerdings bieten uns schöne Rastplätze eine verführerische und trockene Alternative. Rekordverdächtig ist auch die mannigfaltige Vegetation. Es sorgt für wunderbare Glücksmomente, wenn die Sibirische Schwertlilie, die Moosbeere oder das schneidige Wollgras im Moor sichtbar werden.

Einen Wiesenweg entlangwandernd, erleben wir die Artenvielfalt des Moores. Südlich des Tannenbachfilzes mäandert die Ach zum Staffelsee. Gurgelnd und leise plätschernd begleitet uns der Hauptzufluss des Staffelsees ein Stück des Weges. An der Weggabelung wählen wir den Abzweig über das kleine Brücklein, das uns trockenen Fußes über die Ach bringt.

Rund um den Staffelsee

Rechts beginnt das Mündungsdelta der Ach, welches unter strengem Naturschutz steht.

Weich federt der Boden unter unseren Füßen, wenn wir nach 300 Metern an einer weiteren kleinen Brücke einen Abzweig links in Richtung einer Anhöhe treffen. Der Abstecher lohnt, denn er bietet uns einen traumhaften Rundumblick in absoluter Stille und Ruhe. Hier auf der Holzbank sitzen, in der Natur versinken und den feuchtwarmen Duft des Moores aufsaugen. Zu den unzähligen Blauschattierungen des Sees mischt sich ganz zart eine Vielfalt erdiger Brauntöne und lässt alle Gedanken unwichtig erscheinen.

Kleiner Hafen

Die Aussicht auf den letzten und eindrucksvollsten Moorteil lässt uns weitergehen. Es geht mitten durch den Kernbereich. Der Gedanke an das Alter dieser Region lässt demütig werden.

Nach rund 1 Kilometer wird der Pfad zu einem **schattigen Forstweg,** der uns direkt am Seeufer entlangspazieren lässt. Nicht weit draußen auf dem See liegen mehrere Inseln, mit Namen wie die Große und die Kleine Birke. Egal, von wo man auf den See blickt, die sieben Inseln lassen ihn aus jeder Perspektive kleiner erscheinen, als er mit seinen 7 Quadratkilometern wirklich ist. Eine Vielzahl gemütlich anmutender kleiner Kiessteinbuchten ermöglicht uns regelmäßige Auszeiten. Beruhigend, wenn fast lautlos ein Schwan über das Wasser gleitet oder auch eines der Staffelseeschiffe die Ausflügler in eine andere Bucht befördert.

Während die Lichtreflexe auf dem Wasser glänzen wie Perlen, streift der Wind durch die Spitzen der Fichten und Tannen auf dem **Hocheck Molasserücken**

Erfrischungstour 20

auf der anderen Seite unseres Weges. Wir lassen uns treiben und schlendern die letzten 4 Kilometer zu unserem Ausgangspunkt, dem **Strandbad** ❽, zurück. Jetzt steht einer Abkühlung im See nichts mehr im Wege. Hier ist ganz sicher die schönste Stelle, um im Staffelsee in den Sonnenuntergang zu schwimmen. Ein kleiner Tipp für alle, denen die Strecke zu lang ist. Am Strandbad Murnau befindet sich die **Schiffsanlegestelle** ❾. Die ersten 9 Kilometer lassen sich per Schiff zurücklegen. Dann beginnt die Tour am **See-estaurant Alpenblick** und kann ganz bequem als reine Moorwanderung starten. Ebenfalls möglich ist es, nur den ersten Teil der Staffelseerunde zu wandern und anschließend per Schiff wieder nach Murnau zurückzufahren.

Alles auf einen Blick

WIE & WANN:
Ebene, aber lange Tour über Wiesenwege, Forstwege und teilweise geteerte Straßenstücke. Zu jeder Jahreszeit empfehlenswert, auch als Teilabschnitte sehr schön.

HIN & WEG:
Auto: Parkplatz am Strandbad, Seestraße 32, 82418 Murnau (gebührenpflichtig) (GPS: 47.6796150, 11.1884370)
ÖPNV: Mit der Regionalbahn bis Bf. Murnau

ESSEN & ENTSPANNEN:
Es empfiehlt sich eine Jause im Rucksack. Einige schöne Rastplätze finden sich auf der Strecke.
Seerestaurant Alpenblick ❺ Kirchtalstraße 30, 82449 Uffing am Staffelsee,
Tel. (0 88 46) 93 00, https://seerestaurant-alpenblick.de

ENTDECKEN & ERLEBEN:
Insel Wörth ❶
Historische Obstplantage ❷
Riedener Schloss ❸ (privat) Rieden 1, 82418 Seehausen am Staffelsee
Filialkirche St. Peter und Paul ❹ Rieden, 82418 Seehausen am Staffelsee
Strandbad Alpenblick ❻ Kirchtalstraße 30, 82449 Uffing am Staffelsee
Insel Mühlwörth ❼
Strandbad ❽ Seestraße 31, 82418 Seehausen am Staffelsee
Schiffsanlegestelle ❾

Entspannung ✶✶✶✶✶
Genuss ✶✶✶✶✶
Romantik ✶✶✶✶✶

Die GPS-Daten zu jeder Tour gibt es auf
www.droste-verlag.de

© 2021 Droste Verlag GmbH, Düsseldorf
2. Auflage 2021
Konzeption/Satz: Droste Verlag, Düsseldorf
Einbandgestaltung: Britta Rungwerth, Düsseldorf, unter Verwendung von Bildern von © Fotolia.com: Andrey Kuzmin, undrey, dabost, niroworld; ©Jenny Sturm - stock.adobe.com
Fotos: Katja Wegener
Karten: Thorsten David, Bochum
Druck und Bindung: LUC GmbH, Greven

Alle Angaben in diesem Buch wurden sorgfältig recherchiert und geprüft. Für die Richtigkeit der Angaben, für etwaige Unfälle und Schäden jeglicher Art kann keine Haftung übernommen werden; die Nutzung erfolgt auf eigenes Risiko. Abweichungen, die nach Redaktionsschluss erfolgten, konnten nicht mehr berücksichtigt werden. Hinweise und Änderungen nehmen wir gern entgegen.

ISBN 978-3-7700-2209-0
www.droste-verlag.de